本手册为浙江警官职业学院和浙江省十里丰监狱合作的"罪犯改造评估与矫正系统（二期）"的阶段性成果。

　　本手册所有插图皆由临海监狱民警张开旺设计和制作。

ZUIFAN JIAOYU DUBEN

郭晶英　傅华军◎著

罪犯教育读本

中国政法大学出版社

2019·北京

序

中国传统文化一向主张身心双修，内外平衡。然而，在现实生活中，你可能听到很多更强调修心的话语，比如佛教中的"相由心生""境随心转"都是指一个人看到的事物以及对事物的理解、解释、观感，均由他的内心决定。心有多大，世界就有多大。同样，在西方也有类似提法，例如"安慰剂"效应。这个医学词汇来源于二战末期，当时由于缺乏手术所需的麻醉剂，护士只能给士兵注射生理盐水，结果以为是麻醉剂的士兵真的很快就镇定下来，并且在手术过程中没有感觉到剧烈的疼痛。由此可见，一个人的内心认知确实能对个体的躯体、行为和境遇产生重大影响。

正是由于认知对个体的影响具有全面性和长远性，同时，罪犯的不合理认知模式具有典型性和普遍性，因此，这本手册试图从大多数罪犯的普遍文化水平和认知能力的现实出发，用通俗易懂的语言介绍心理学、经济学、社会学、沟通学等的一些基础知识，借由分析日常改造生活中的常见问题，看看能不能帮助罪犯"修通"一些问题，或是至少比以前想得更通透一点。一个人的想法发生了改变，身体就会好一些，行为也会发生一些积极变化，进而发现周围的人和环境也随之发生了一些改变。这一切都是可以切实发生的，只要你的想法发生了改变。

在这本手册的写作过程中，笔者得到了浙江省十里丰监狱的鼎力支持和帮助。曾祥华政委在百忙之中通读了手册初稿，并从结构设计、案例选用和语言组织等角度全方位地提出了宝贵、详细的建议。孔一是我的同事、搭档，更是朋友，他参与了我所有论文和专著的修改工作，这本也不例外。浙江省乔司监狱的陈晓波、临海监狱的吴海明和任振茂都是我的学生，也是年轻的民警。他们帮助我收集初稿的意见和反馈，并从基层民警的视角提出修改意见。最后也是最重要的，是要感谢所有在手册设计、撰写和修改过程中分享自己想法的罪犯。里面的很多故事有的是轻松自在地聊出来的，有的是隐忍着泪水说出来的，还有的是在嚎啕大哭中讲出来的……这也使得手册写作的这段体验对笔者而言弥足珍贵，他们用自己的真实经历、真挚情感给笔者上了一堂又一堂人生的课程。

这本手册虽历经几十稿的修改，但限于能力和水平，在内容的丰富性、结构的逻辑性和用词的准确性方面还是会有很多不当之处。我们用经济学的"边际效用递减"法则安慰自己：截稿期限以前我们已经不可能做得更好；用心理学的"暗示效应"安慰自己：已经努力了，可以放手了……然后，我们就快乐了很多，希望看完手册的你也能快乐一些。如果不能，建议可以运用手册中的相关概念、法则和效应，跟我们一样安慰自己、说服自己，通过修心，让自己也变得快乐起来！

郭晶英

2019 年 9 月

目　录

第 一 章

自我认知

认识恐惧

凡是不能将我们打倒的，都将使我们更加强大

恐惧是一种心理活动状态，指个体在面临某种情境时，想要摆脱却又无能为力的情绪体验。

面对监狱的改造生活，因为环境陌生和前程未知，有的罪犯在刚刚来到这里时会感到害怕，但随着时间的推移，逐渐地适应环境，这种感觉会慢慢地消退；还有的即使过了很长一段时间还是会有恐惧心理，担心自己难以应对改造中遇到的困难和挑战。

这其实都是一种正常的心理反应，大多数人在面对新环境、新情况时都会产生类似情形。一般而言，个体因为某个外界刺激引起的害怕状态，如果是短暂的、激烈的，我们可以称之为"恐慌"，但是如果害怕程度过于严重，且持续时间过长，这个时候就变成了"恐惧"，会给生活的各个方面带来消极影响，就需要我们合理应对。

首先，确定恐惧的真实来源。恐惧主要有三个来源，一是来自过去，二是来自现实，三是来自未来。第一种是来自过去的恐惧，指的是曾经的遭遇让你感到恐惧，且这种恐惧深藏于心，一直没有化解，如今被类似事物或情境重新激活。比如很多罪犯在与警官交流时，不敢看警官，也不敢跟警官说话。究其原因，可能是出于"权威恐惧"，这种恐惧的真实来源或许是其小时候与权威人物的相处经历，比如严厉的父亲或老师。早年与这些人相处时，由于违背他们的意志、权威而受到惩罚，身体的疼痛和心理的害怕让人记忆深刻。这使得你在成年后遇到类似"权威人物"时产生恐惧心理，无法像其他人一样与这类人进行正常的交流，生怕因犯错而再次受到惩罚、体验痛苦。"一朝被蛇咬，十年怕井绳"，同样也属于这种情况。第二种是来自现实的恐惧，意思是恐惧单纯来自外界刺激，比如有人突然冒出来吓了你一跳，再比如"恐怖片"或是"鬼片"的某个镜头或情节，让你看完或听完后，到了晚上怕得不敢入睡或不敢一个人上厕所。还有的人会因为亲人或身边人的离世对死亡感到恐惧，寝食难安。最后一种是来自未来的恐惧，说得通俗一点，就是对还未发生的事过分担心。可能是个体因为内心不够自信，太过担心一件事做不好或无法面对，因而过分夸大做不好事情带来的后果，甚至产生灾难性的幻想，结果越想越怕，以为灾难马上就要发生，为此背上沉重的思想包袱。事实证明，这种幻想的恐惧事件绝大多数并不会发生，有些即使发生了也到不了那么严重的程度。了解并分析自己恐惧的来源有助于恐惧的化解。

其次，改变和提升认知以面对恐惧。这里与大家分享曾国藩的十六字座右铭：物来顺应，未来不迎，当时不杂，既往不恋。这十六个字蕴含四层含义：①面对已经发生的事情，最好的态度就是理智对待、积极面对，概而言之，就是"既来之，则安之"；②就如我们的今天是由过去的一个个昨天创造的，未来也是由一个个今天创造的，与其担忧不确定的未来，不如好好把握今天；③每个人的时间和精力都有限，我们应该学会心无杂念地做好当下必须做、应该做的事；④已经过去的事情，不管是快乐还是痛苦，是成功还是失败，都已经成为历史。如果一味留恋、后悔和遗憾，失去的就是现在和未来，于事无补，于人无益。

每个人都可能会陷入让自己感到恐惧的困境，区别在于有的人选择回避和否认，有的人选择接受和面对。选择回避和否认，恐惧会如影随形，因为它存在于你的内心，你逃无可逃；选择接受和面对，恐惧便由对手变为朋友，成为培育勇气的养料。美国苹果公司联合创始人乔布斯得了癌症，面对令人恐惧的死亡，他没有怨天尤人，而是选择了接受和面对，更加深入地思考人生的价值和意义。他每天醒来都会问自己："如果今天是最后一天，我会怎么做？"他在斯坦福大学作"如何看待死亡"的演讲时说道："把每一天都当作生命中的最后一天，你就会轻松自在。"

这句话成为他一生中最重要的箴言。虽然乔布斯最终还是没能战胜癌症，但是他面对死亡、面对恐惧的态度值得我们反思和学习。

最后，排演练习以应对恐惧。你可能在电视里或真实场景中看到有的人遇到危险的情况会吓得"呆若木鸡"、一动不动，也许你会觉得这个人怎么那么傻，还不赶紧跑。其实，这种表现是非常正常的，因为恐惧会让人在短时间内失去分析、判断和行动的能力。要想改变这种状况，需要我们反复练习恐惧的应对。专栏作家斯蒂芬妮·沃扎曾经非常恐惧与人打交道，为了克服这个问题，她找到的解决办法就是在某个星期假装自己是一个外向的人。在这个星期里，她"强迫"自己去找服务员聊天，主动跟健身房的人做搭档……一个星期之后，她发现与人交往并不是那么的可怕。而且，在这之后她也不再那么害怕与人交往，甚至开始非常期待认识更多的新朋友。这也是为什么像消防演练或地震演练那么重要，那是因为通过反复的灾害发生场景模拟可以增强对恐惧的应对能力，并且使人慢慢形成不用思考就能下意识作出反应的"肌肉记忆"。也就是说，我们可以从低度恐惧到高度恐惧，循序渐进地反复演练，由行为的改变带来体验的改变，再带来认知的改变，从而让恐惧变得不再是恐惧。

美国四星上将巴顿曾经说过："如果勇敢便是没有恐惧，那么我从来不曾见过一位勇敢的人！"或许恐惧会伴随我们的一生，但恐惧并不是一件让人羞愧的事。只要勇敢面对恐惧、接受恐惧，恐惧就只会让我们更加勇敢。我们相信：凡是不能将我们打倒的，都将使我们更加强大。

认识抑郁

> 人生不如意事十之八九，不思八九，常思一二

当我们遇到重大挫折时，往往会产生抑郁情绪，罪犯也是如此。很多罪犯因为遭遇改造挫折、家庭变故、人际冲突或重大疾病等事情，丧失改造的信心和动力，有的甚至发生自伤自残的过激行为，严重地损害了个人的身心健康。那么，到底什么是抑郁？抑郁有哪些表现？面对抑郁该怎么办呢？

当人们遇到精神压力、生活挫

折、痛苦境遇、生老病死、天灾人祸等情况时，理所当然会产生忧郁情绪。抑郁主要表现为情绪低落、兴趣减低、悲观、思维迟缓、缺乏主动性、自责自罪、饮食和睡眠差、总担心自己患有各种疾病、全身多处不适、什么都不想面对等，严重者会出现自杀念头和行为。每个陷入抑郁的人对抑郁有自己个体化的理解和感受，因此抑郁时出现的症状也会有所不同。你需要了解的是，抑郁是每个人常见的负面情绪之一，人人均会出现。根据世界卫生组织的最新统计，全球有超过3亿人患抑郁症，而在中国，每100个人中至少有3个抑郁症患者。所以即使出现了抑郁情绪，也不必惊慌失措，只要我们合理应对，总有解决之策。

面对抑郁，首先要学会接受。这意味着，要学会接受自己的遭遇，也接受自己的抑郁情绪。有一位罪犯说："我现在已经50多岁了，想想我的人生真是太失败了，从小父母就不喜欢我。初中没毕业我就外出打工了，辗转多地，也干过很多职业，虽然结了婚，但是到现在也没有什么积蓄，在老家也是上无片瓦。现在又因为受人所惑，走上了运输毒品的道路并因此被判了无期徒刑，我现在饭吃不下、觉睡不好，活着有什么意思啊！"这位罪犯面对如此人生际遇，心中充满了挫败感，感慨于自己的不幸人生，吃不下饭、

睡不好觉，最后连走路都得有人搀着。他终日郁郁寡欢，因为他觉得自己是世界上最不幸的人。可是事实是否真是如此呢？其实，许多成功人士也逃不过抑郁的"垂青"。2012年9月"锵锵三人行"栏目采访了当时的深圳作协主席李兰妮。外人看她聪明、漂亮、事业有成，却没想到原来她曾患淋巴癌，因为癌症做过3次手术，还患有重度抑郁症，也因为抑郁症多次尝试自杀。她自述"有时顶不住了，太想死了"。由此可见，抑郁，不分高低贵贱，是漫漫人生路上的常客。其实，人生本来就是一个不断面对痛苦和承受痛苦的过程。我们出生的第一声啼哭，就预示着人生苦难的开始，昭告着人生的风雨就在前方。如果我们能坦然接受人生的苦难，承认痛苦是人生的常态这一事实，那么，痛苦就不再是痛苦，而是一种人生经历。俗话说：人生不如意事十之八九。当我们抑郁时，如果能学会坦然接受已然发生的，同时还能做到"不思八九，常思一二"，那么，我们的人生必然会快乐很多。

其次，要学会改变认知。长期处于抑郁的人几乎都是自恋的完美主义者，只要一意识到自己和世界的不完美，就会感到痛苦。更糟糕的是，他们会一味地紧盯自己的不足之处，用自己和世界不完美的部分去否定和遮盖自己的优点。比如说，"我女朋友抛弃了我，我真是太差劲了"，"我都不敢大声讲话，真没用"，"我连这点小事都做不好，我活着有什么意思"等。然而只要静下心来想想，事实并非如你所想。女朋友和你分手，只代表你们之间不合适，并不能代表你差劲，或许在适合你的某个她的眼里，你就是最好的。你不敢大声说话，只说明你存在这个弱项，每个人都有自己的弱项，难道谁都是没用的？你这件事做不好，但是你肯定也有做得好的事，你只能说自己做不好这件事。要学会客观、理性地看待和评价自己，既要认识到自身的不足，也要看到自己的长处。如果身患抑郁，你可能会期待医生给你开一些抗抑郁的药，但是药物更多的是起到缓解症状的功效，并不能彻底解决你的自卑和绝望。只有在你不再认为自己是一个可怜的人、一个失败的人、一个无能的人或是一个不值得爱的人的时候，抑郁才会慢慢离开。

再次，要学会调整生活方式。因为人的情绪是有感染力的，多和情绪愉快的人交往，自然而然会使自己的情绪好转。与亲人、朋友的沟通交流一方面有助于释放和宣泄你的压力；另一方面，他们的建议和支持也会增强你自身的力量感，提升你克服困难的信心。所以，与其选择一个人消沉，不如努力打开你的心门，"强迫"自己去跟周围的人交流，跟他们下下棋、聊聊天、开开玩笑，在与他人的交流互动中发现自己、完善自己。如果你始终窝在自己的角落，就会发现你好像是一只青蛙，慢慢地手消失了、脚也消失了……这是什么意思呢？那就是说，你的功能开始退化，以前会做的，现在不再会做了。就像社会上有些人抑郁了，选择封闭自己，不愿离开家，因为走出家门与陌生人沟通让他们提不起兴趣，也很害怕。久而久之，连从床上爬起来这么简单的活动，对他们而言都变成一件非常困难的事。

最后，要学会求助。经常抑郁的人往往会觉得向他人求助很困难，也觉得让别人知道自己抑郁很丢人。其实向人求助不仅不丢人，还是一种能力。李兰妮被问到怎么挺过来的时候，她说："有自杀念头的时候就会打电话给朋友，让朋友劝阻自己的自杀行为。"当你抑郁时，你可以告诉亲人和朋友，如果害怕他们担心，你也可以寻求你信任的同犯、警官或心理咨询师的理解和帮助。如果他们不知道该怎么做，告诉他们，仅仅是他们的陪伴和倾听就对你意义重大。另外，如果你周围有抑郁的人，不要说"都会好起来的"，或"想开点，有什么可抑郁的"，或"别那么矫情"之类的话，因为你不知道他人正在经历什么样的痛苦，所以不要随意说教或指责。如果实在不知道该怎么做，你也可以先做到陪伴和倾听。

记住：抑郁症是可以痊愈的。正在经历的时候，或许很难想象这种痛苦会有结束的那一天，但是你一定要告诉自己或周围深陷抑郁的人：正如冬天过去，春天就会来临，困难总会过去，希望终会降临。

认识愤怒

> 让野马流血而亡的不是蝙蝠，而是无法自控的愤怒

不知大家是否还记得重庆公交坠江事件。2018 年 11 月 2 日，乘客刘某因为错过下车站点与司机发生争吵，要求下车未果，在这个过程中，刘某两次持手机攻击正在驾车的冉某。遭遇刘某攻击后，冉某并未采取有效措施确保行车安全，而是将右手放开方向盘与刘某抓扯，双方的互殴行为最终导致了车辆失控坠江。谁都不曾想到，只是因为一个乘客错过了

一个站点，十五个无辜的、鲜活的生命就这么消失了……难道刘某不知道自己的行为可能带来的灾难性后果吗？只要有点常识的成年人都知道，攻击正在驾驶汽车的驾驶员是非常危险的，但是显然当时她已经被内心愤怒的魔鬼控制了，完全忘记了自己这样做的目的到底是什么，是发泄愤怒的情绪，还是只是想要下车。

有的人在愤怒的时候会突然脸红，这是因为一个人的情绪有其相应的身体表现，即通过某种可见的方式表达情绪。愤怒时脸红，就是情绪的一种肢体语言表达方式。在与他人发生冲突时，有的人不仅会脸红，还会因为愤怒而胃痛、头痛，进而丧失理性，做出无法自控的行为。人类社会如此，在动物界也有类似现象。非洲草原上有一种吸血蝙蝠，身体非常小，主要食物来源就是动物的血。它们会叮在野马的腿上吸血，不少野马为了赶走蝙蝠用尽招数，而这些蝙蝠从容不迫地"进餐"，直到吃饱喝足才会心满意足地离开。没想到的是，相比于"娇小"的蝙蝠，一些身形庞大的野马却在与蝙蝠的"搏斗"中力尽而死。动物学家们发现对于野马而言，吸血蝙蝠所吸的血量是非常少的，根本就不可能致死，而这些野马的死因竟然是暴怒和狂奔。每个人在生活中总会遇到一些不顺心的事，如果不能控制自己的情绪，暴跳如雷，就会严重损害身体健康，这也是为什么我们会听到有人说"气死了"。且不说是不是真的有人被气死了，总之我们把这种因为一些外界刺激或挑战而大动肝火，以至于因为他人而伤害自己的现象称为"野马结局"。

其实在每个人的内心都有一匹野马，一些人的野马比较温顺，而有些人的野马则野性难驯，遇到一点刺激，就会"暴怒狂奔"。在有的罪犯内心，就有这么一匹野性难驯的野马。同犯之间的一句玩笑、一点磕碰，就能让他火冒三丈、恶语相向，甚至拳脚相加，成为同犯唯恐避之不及的"火药桶"，最终深陷"野马结局"，在伤害别人的同时也伤害了自己。如果难以驯服内心的这匹野马，将会给自己的改造生活带来严重困扰和消极影响。那么，该怎么面对自身的愤怒情绪和行为，驯服自己内心的野马呢？

首先，学会反思。要反思自己内心的愤怒为什么会有这么多、从何而来。一个容易愤怒、攻击性强的人，过去往往遭遇和承受过较多的愤怒与攻击，因而内心敏感、脆弱、没有安全感，所以会对外界的刺激做出过激的反应。也就是说，当下的愤怒更多的来源于过往的经历。但是，你现在的愤怒行为无异于将他人的过错、以往的过错强加在眼前人身上，对自己来说是不恰当的，对他人来说也是不公平的。如果你认识到了这一点，当愤怒再次降临时，可以在心里告诉自己："放松点！事情或许并非如你所想！"

其次，学会合理宣泄内心的愤怒。人内心的愤怒有一个累积的过程，愤怒的不合理宣泄也是长期形成的行为模式。你可以通过学会合理宣泄，及时排解内心的愤怒，改变原有的不良行为模式。比如，可以多参加兴趣活动、多与同犯交流，让体内的愤怒能量得以合理释放。还可以通过写日记、记"改造周记"等形式，去面对和化解自己内心曾经的伤痛，尝试着接纳已经在你生命中发生和无法改变的事情，让愤怒不再成为一股无法克制的力量。俗语说：化悲愤为力量。被合理化解和转化的愤怒，最终会成为推动你成长的重要力量，因为让你愤怒的人和事，正是你内心的脆弱之地。

最后，学会给自己设置"隔离网"。所谓的"隔离网"，是指身边的同犯。你可以提前告知他们："当我愤怒时，请一定要提醒我，把我带离现场。"这种把过去、现在和未来的你进行互动的行为在西方被称为"尤利西斯合约"（Ulysses contract）。传说尤利西斯在打赢特洛伊战争后要经过一座小岛，小岛上的女妖的歌声美妙动听，凡是听到的人都会因此受到迷惑，把船开往礁石发生船难。尤利西斯既想安全，又想听听歌声到底有多大的魅力。他想出的办法就是让水手都用蜡塞住耳朵，而把他绑在桅杆，并且要求水手无论他怎么哀求、命令、威胁都不能给他松绑。这就是趁自己意识清醒的时候，让现在的你为未来的你设置约束、做好规划，以切实有效地减少未来的自己做出糟糕行为的可能性。有的罪犯或许会说："恼火起来的时候，我真的控制不住自己，让同犯提醒也没用。"个体心理学创始人阿尔弗雷德·阿德勒认为：愤怒是一种用于控制某个人或某种情绪的工具。哲学家塞内加则认为：愤怒是一种短暂的疯狂。既然是工具，是短暂的，也就意味着愤怒既能被用来向他人表达自己的不满借以控制他人，也能迅速被自己控制。举个简单的例子，假设你正在跟同犯吵得怒不可遏，突然警官进来通知你有家属会见，你可能马上就会从愤怒的情绪转变为担忧：为什么突然有会见？是不是家里出了什么事？而在见到家人，知道没事后甚至还会开心地笑……可见，愤怒是可以被转化、控制的。因此，如果你觉得自己是个易怒的人，不妨试一试为自己设置"隔离网"，做到"防患于未然"。

传统中医理论认为"怒伤肝"。美国最新研究发现：生气会增加炎症风险，而长期炎症水平较高与心脏病、关节炎和癌症等慢性疾病相关。也就是说，生气会伤身是有科学依据的。下次再遇到让你生气、愤怒的事情，一定要记得提醒自己别真的让自己被"气死了"。就如前面的野马，蝙蝠的叮咬仅仅是外因，而野马对这一外因的反应才是导致其死亡的真正原因。野马经过驯化可以成为良驹，面对愤怒，只要你有足够改变的意愿，有足够坚持的勇气，它就不再是魔鬼，而是伴随你成长的朋友。

认识归因

> 我们把世界看错了，反说它欺骗
> 我们

　　归因指的是对自己或他人的行为进行分析，并找到发生该行为的原因。学会正确归因能帮助我们透过现象看本质，从而避免因归因谬误影响我们对自己和他人行为以及外界事物的判断。在监狱中，让罪犯困扰或纠结的很多事，如果能静下心来重新进行梳理、归因，或许就会豁然开朗、迎刃而解。这里主要谈三种不合理的归因模式。

　　第一，主次不分，即把相关关系误以为因果关系。比如说，下了很久的雨，你今天起床看到又下雨了，或许会说"又下雨了，好烦"。但是，是不是真的是下雨导致了心烦呢？还是说本来就有心烦的事（假设是 A），看到下雨（假设是 B），加剧了心情的郁闷，让你觉得"好烦"。如果是，那么在这里"心烦的事 A"才是原因，跟结果"好烦"是因果关系，而"下雨 B"跟结果"好烦"只是相关关系。有位罪犯因为帮朋友出头打架，捅伤了人被判刑入狱。我跟他讨论了这个问题：

　　我：你觉得帮朋友是因为什么？

　　他：义气，他是我从小玩到大的朋友，要是不帮他的话觉得面子上过不去。

　　这位罪犯认为自己进来的原因是自己"讲义气"，但是这之间是因果关系吗？是"害怕自己被朋友说不讲义气"，还是"害怕自己被朋友认为是不敢动手的人"，抑或只是"害怕丢面子"……或许"害怕"才是他进来的真正原因，虽然他可能不太愿意承认这点。有的罪犯觉得自己犯罪被抓是因为运气不好，却不愿反思既然知道"常在河边走，哪有不湿鞋""法网恢恢，疏而不漏"，那么犯罪与被抓就存在因果关系，而运气不好与被抓仅是相关关系而已；

有的把自己行为养成差、屡犯监规归结为性格脾气，说是"江山易改，本性难移"，却不反思那是因为自己贪图安逸、自由散漫；还有的因为减刑没有成功而抱怨，把责任推到警官身上，却不知要呈报减刑，必须得符合法定条件，而符合呈报条件和获得减刑这两者之间，只有相关性，没有因果性。误把相关当成因果，就容易歪曲事物的本来面目，导致错误的判断。

第二，以偏概全，即用特例或随机事件推导出普遍规律。例如，有的人说人生苦短，生活就该自由自在，而且按照自己喜欢的方式生活，会更加健康长寿。如果被问及原因，他们或许会说："你看张学良吃喝嫖赌什么都干却活到了 103 岁。"所以，人生就该想做什么就做什么，本来就高喊"今朝有酒今朝醉"的人也就此找到了安慰自己的理由。这里的最大问题就是根据一个个案推导出一个普遍性的结论，而更科学的做法是去调查那些活到 103 岁的人中到底有多少人跟张学良一样吃喝嫖赌。如果依据最终的数据发现，在活到 103 岁的人中，吃喝嫖赌的人占了 50% 以下，甚至远低于 50%，前面所述结论也就不成立了。同样地，有的人看到身边有人违法犯罪却安然无恙，想当然地认为自己去犯罪也能侥幸逃脱，结果却恰恰相反，原因就在于他只看到了少数个案，没有看到因违法犯罪而被判刑入狱的多数。现代社会倡导科学结论的作出应基于大规模的可重复实验，即一个结论只有在经过很多人反复验证后仍被证明为正确的，我们才可以说这个结论是科学的。

第三，内外失当，即过度地倾向外归因或内归因。简单地说，外归因是指把事情发生的原因归结于外部原因，内归因是指把事情发生的原因归结于自身。任何事情的发生，既有内因，也有外因，是内外

因共同发生作用的结果。如果把事情发生的原因单纯地归结为内因或外因，都是有失偏颇的。在罪犯中，比较常见的是外归因模式。比如说，为什么从小到大成绩不好？那是因为老师对我不好；为什么会去盗窃？那是因为家里穷或者是人家拉我去的；为什么总是会和别人发生冲突？那是因为人家总是惹我；为什么适应不了监狱的改造环境？那是因为监狱管理太严格、劳动太辛苦、伙食不好等。在他们的眼里，自己才是"受害者"，只喜欢拿着"手电筒"照别人，不

会拿着"镜子"照自己，借此获得心理的平衡。我们都听说过智商、情商，美国著名教育大师保罗·斯托茨在20世纪90年代提出了"逆境商数"的概念，即"逆商"，用以衡量一个人应对挫折、逆境的能力。其中的一个指标就是归因。他指出高逆商的人倾向于做内归因，愿意承担责任，通过反思总结教训，而低逆商的人却做外归因，把失败归咎于别人。孔子说"君子求诸己，小人求诸人"，也是同样的道理。

归因谬误不仅是认知层面的问题，它还会直接导致决策和行动上的错误。在人生的长河中，如果学会更准确地归因，就会发现他人的意图可能被误解了，自己的责任可能被忽视了，环境的作用可能被高估了，因果的顺序可能被倒置了。泰戈尔说："我们把世界看错了，反说它欺骗我们。"如果你觉得世界欺骗了你，或许是时候重新认识和评价这个世界了。

认识损失

> 我只看我所拥有的，不看我所没有的

不知道你是否有过这样的经历，比如有朋友说"感冒了，太难受了"，你除了让他（她）多喝热水，说不定还会得意地说"我很少感冒"或者是"我从不感冒"，结果第二天你就感冒了……类似的事情好像发生的概率还挺高，以至于在浙江有些地方的老人家在你说完这些话后，会让你赶快说声"呸"，好像就可以起到橡皮擦的作用，把刚才说的话抹掉。不知道你或者你周围的人是否也有这样的说法或讲究。这种说法，是不是意味着夸自己不会生病、太得意就会被惩罚，然后就得了这个病？心理学中有个概念或许能解释这种现象，这个概念就是"损失厌恶偏见"。

人都喜欢得到，害怕失去。损失厌恶偏见指的就是人们在面对同样数量的损失和收益时，与得到的喜悦相比，失去的痛苦带来的情绪体验更令人记忆深刻。比如说，今天出门，你捡到了5元钱，觉得很高兴，然后一阵风刮来，这5元钱被吹走了，找不到了，你很懊恼，先前因得到带来的喜悦荡然无存，甚至可能一整天都心情不好。你完全忘了这5元钱本来就不是你的，虽然你没有收益，也没有损失，但是这得而复失的5元钱的损失就是让你感觉不好，让你"意难平"。当然你也会说，你不会感到难受，因为这5元钱本来就不是你的，但是生活中就是有那么多的"得而复失"会让人耿耿于怀。

回到前面自夸不会得感冒的例子，如果你自夸很少感冒，第二天你也确实没得感冒，你可能完全想不

起你的自夸，因为这只不过是普通的又一天。但是如果你第二天得了感冒，你很有可能就会想到"咦！我昨天刚夸过自己，怎么今天就感冒了？"在下意识中，你把"自夸"和"感冒"做了因果关联，怀疑是不是自夸导致了感冒。这个经历一旦跟朋友进行分享，说不定你的朋友也会马上想到同样"奇怪"的经历，然后你们就会发现居然有如此相似的体验，进而更加怀疑是不是"自夸不生病"就会"真的生病"。即使你不是跟朋友分享，而是下次再遇到了类似的事情，你也会得出一样的结论。也就是说，我们对同一件事会采取不一样的态度：自夸不生病但没生病的经历没法让你印象深刻，而相反的经历，也就是自夸不生病但生病的经历，由于有前后鲜明的对比（不会得病和得病），再加上生病让你痛苦、难过、影响读书、工作、娱乐等，这些"损失"都会加深你对此次经历的印象，并在下次有人提及或再次经历类似体验时跳出来，提醒你曾经在自夸后的这些"损失"。

无论是在监狱外面还是里面，你的身边可能也有不少类似的例子。比如，父母含辛茹苦养育我们多年，我们没有体会到父母的不容易，肆意享受着父母对我们的好，但是如果父母有一次没有满足我们的要求，可能就会心生怨念，用一次损失掩盖所有的"得到"；再比如，面对监狱近年来在软硬件设施方面的长远进步，有的罪犯视而不见或享之泰然，却因为个人的一些利益、需求未得到满足，对监狱工作横加指责，用一次损失否定所有的进步；又比如，在进监狱之前，你根本感觉不到拥有人身自由的可贵，直到进监狱之后才感受到失去自由的刻骨铭心，觉得异常痛苦，甚至开始憎恨周围所有的一切，用这次的损失来定义你的整个人生和社会……如果你的生活中经常遇到以上情形，或许可以想想"损失厌恶偏见"这个概念，是不是自己把"损失"夸大了，而完全忘记了自己曾经得到的"收益"。

了解了这个概念，希望你无论是在监狱外面还是在监狱里面，对同样一件事可以多一个角度去看待。问问自己，是不是觉得"得到"是理所当然的，越多越好，但是一旦面对损失，又会轻易忘记自己曾经得到的，无法忍受甚至夸大自己的"损失"。

我国台湾地区著名作家黄美廉，出生时由于医生的疏失，她脑部神经受到了严重的伤害，以致颜面、四肢肌肉都失去正常功能。当时她的爸爸、妈妈抱着身体软软的她，四处寻访名医，得到的全都是无情的答案。她不能说话，嘴还向一边扭曲，口水也止不住地往下流。14 岁时，她全家移民到美国，到洛杉矶市立大学就读，之后转至洛杉矶加州州立大学艺术学院，如今已取得艺术学博士学位，成为画家和作家。她很少提及自己在成长道路上曾经经受的痛苦、遇到的嘲笑、引起的侧目、遭到的歧视，她在演讲中说："我只看我所拥有的，不看我所没有的！"面对失去或得不到的，如果能多看自己得到的，少一些"损失厌恶偏见"，你一定会发现自己曾经拥有或依然拥有的还是挺多的，进而发现人生也还是挺美好的，值得你继续努力。

第 二 章

人际沟通

关于父母

> 我们无法改写历史，但可以改写历史对我们的影响

对每一个人来说，父母都是生命中最重要的人。然而在访谈过的罪犯中，有一部分人与父母的关系非常纠结。曾经有个罪犯从小看着父亲打母亲，对他也是随意拎起来就打，他用"死人"来称呼他的父亲，虽然他的父亲还在世，但按他的话说"在我心里他已经死了"。有一位罪犯认为自己从小被父母忽略，而自己的哥哥才是那个被偏爱的人，直言自

己犯罪就是想"气"父母。还有位罪犯说自己在第一次服刑期间，父母一次都没有来看过他，所以他在出狱后仅仅过了 7 天就再次犯罪，等他第二次服刑时，他的父母来看他了。他愤恨而绝望地说："已经迟了"……不知道你们中有多少人与自己的父母有着近乎"相爱相杀"的经历和体验。

贝弗莉·恩格尔在《这不是你的错——如何治愈童年创伤》这本书里分享了自己的受虐经历。她认为遭受过童年创伤的人，在成年后会面临诸多问题的困扰，如过度的自我批评、忽视自己的需求、赌博、酗酒、吸毒、性行为不检点、人际关系混乱、做出危及自己及他人生命的行为等。而这一切行为背后的原因是羞耻感在作祟。因为人都有想把一切尽在掌控的愿望，一旦无法做到，就会有无能为力的感觉，进而引发羞耻感。贝弗莉·恩格尔提出治疗童年创伤的五步疗法：①自我理解：理解自己的一些消极行为背后的动机和原因；②自我宽恕：原谅自己被虐待时的软弱和无助，原谅自己对他人造成伤害时的无知和鲁莽，放下对曾经伤害过自己的人的愤怒和仇恨；③自我接纳：接纳自己的缺陷、弱点和缺点；④自我关爱：找到合适的自我关爱方式；⑤自我鼓励：最后一步也是最重要的一步，以自我悲悯为动力，实现自己的目标与梦想。

　　贝弗莉·恩格尔把一个人现在的行为与他的童年遭遇进行关联。有的罪犯看到此处或许会认为，或者一直也认为童年的不幸才是自己走到今天这一步的"罪魁祸首"，还有的甚至因此感到如释重负，觉得为自己的行为找到了一个"理由"，是"原来如此"。但是我们探寻不幸的根源，目的不仅于此，更关键的是要知道接下来该怎么做，以打破不幸的枷锁。作者提出的"五步疗法"给那些遭受过童年创伤的人指出了改变现在和未来的路径。一个人在童年有不好的经历，可以解释你过去的一些行为，但并不代表在你接下来的人生中，都可以用这个经历继续掩盖自己的"无能为力"。"五步疗法"的重要作用之一就是帮助达成与父母的和解，如果与父母的关系始终处在积重难返的境地，又何谈人生的幸福和快乐？

　　心理学家荣格曾经说：早年的受害者，往往在成年后变成施暴者。父母会粗暴地对待子女，是因为受

到他们所处的社会、文化、经济、教育等多种因素的影响，当然还有很重要的一点，就是他们可能也有一个被粗暴对待的童年——也被自己的父母虐待过。他们或许从未有机会好好反思自己行为背后的原因，因为没有人告诉他们去反思，也没有人告诉他们可以怎么做去改变现状。像前面例子中的那位罪犯，不仅一直怨恨粗暴的父亲，也一直责怪自己的母亲不离开家暴的父亲。要解释这种现象，我们或许可以了解一个心理学词汇——习得性无助。其意思就是一个人如果曾经试图得到帮助却总是得不到回应，慢慢地，也就默认自己的遭遇是正常的。这位罪犯的父亲之所以粗暴，或许是因为无法摆脱自己内心阴影的无力挣扎，而母亲没有离开暴打她的丈夫，则可能是因为心疼年幼的儿子，也可能是因为曾向周围的人寻求帮助，却始终没有获得帮助，因此不再想着离开这个丈夫、这个家。如果这样去理解，他就会少责怪父亲，因为父亲也是一个受害者；也不会去苛责母亲，因为母亲只是一个令人心疼的无助的女人。这位罪犯应该做的是去理解他的父亲和母亲行为背后的发生机制，并且把这样的遭遇在自己的家庭里进行隔断，不再让悲剧重演。

心理学家阿德勒说："别人怎么对你和你怎么

对别人是两件事情，应该分开来看。"也就是说，你不能因为别人怎么对待你，你就怎么对待别人。你或许无法改变别人怎么对待你，但是你可以改变自己怎么对待别人。如果一味地把自己现在的遭遇归结为自己的童年，怪罪自己的父母，并不能改变什么，不过是给自己建造一个"壳"。你把自己装在里面，觉得很安全，却不愿意打破这个壳，获得重生。就像前面那个过了7天就再次犯罪入狱的罪犯，他好像是在用自己的行为让他的父母伤心，是在惩罚他父母的冷漠，但是连带着也惩罚了自己，继续过没有自由的生活，每次谈及自己的人生经历时，只能诉说父母的无情和冷酷，继续"扮演"着让人可怜的受害者角色，没有勇气成为改变自己命运的行动者。

以怨报怨，无法化解怨恨，唯有理解和宽恕才能。如果有机会，希望对父母心怀怨念的罪犯，能够和你的父母真诚地谈一次，相互诉说和倾听各自内心关于悲伤与怨恨的故事，学会跟父母和解。即使不谈或谈不拢，也可以放下怨恨，学会跟自己和解。

如果你拥有疼爱你的父母，说明你很幸运，请你好好珍惜他们。如果你的父母曾经带给你痛苦，你也应该振作起来，不要用你的一生去治愈你的童年，更不要让受害者的身份伴随自己一生。就如举世知名的心理治疗师萨提亚所言："我们无法改写历史，但可以改写历史对我们的影响。"

关于爱人

希望你我的眼睛，只看得到笑容

听过很多罪犯谈论"失去"，失去男（女）朋友或是丈夫（妻子），总觉得自己因为在监狱服刑，无法挽回要走的那个人，因此感到难过、沮丧甚至愤怒。其实这个问题不仅是在监狱里面，在监狱外面也是一样避无可避的。由于自己处于某个境地或是没发生什么特别的事情，你爱的人有一天突然跟你说要分手，你可能也一样束手无策。想打电话过去问为什么，想发邮件去问为什么，想找到那个人问曾经的"你若嫁，我就娶"怎么不算数了，想问难道爱不该是即使有千万个分手的理由但还是没有选择分开吗……但是，电话会被拉黑，邮件会被拒收，想见面会被避而不见，又或许什么都不能做，因为不知道该以什么样的身份去做这些事，因为怕再次听到一样的答案。

曾经见过一张照片，是一个女生拍的。照片里是喜气洋洋的一幢小楼，门口贴着个"囍"。女生配图说"不敢去参加他的婚宴，只好半夜开车去了他家，呆呆地坐在外面"。这个女生的心里一定有很多的问题，想问他为什么丢下她而牵起另一个女孩的手走入婚姻；想问他当初那么多的海誓山盟，怎么就能转身跟另一个女孩说；想问他不是让她相信他吗……那么多问题如鲠在喉，但是终究没有问出口。配图只有一句话：请你好好善待她。她不去闹，或许是怕自己变

成一个笑话，更怕闹了也得不到她希望的结果。有的人看了或许会说，还是太年轻，毕竟天涯何处无芳草。但是，以后的事是以后的事，在那个当下，她就是会伤心、会难过、会想不明白。

曾经有个罪犯割了腕，因为他从父母的会见对话中觉察到自己的爱人可能已经离开了他。虽然他们没有明说，她也还没有明确告知，但他感觉到了失去。周围的同犯告诉他别想了，断定那个女人肯定已经抛弃他了。他感到非常痛苦，然后在一个晚上选择了割腕自杀。虽然跟他聊的时候，这件事情已经过去了一年，但在看似平静、隐忍的叙述中，依然能够感觉到他内心想拥有而不得、想放手却又不舍的纠结，能感觉到悲伤在暗流涌动。

日本作家东野圭吾在《白夜行》中写道："世上有两样东西不可直视，一是太阳，二是人心。"这句话错了，因为我们都能做到直视太阳，即使阳光再耀眼，刺得眼睛一直流泪，我们还是可以坚持看着太阳。我们甚至还能戴上一副墨镜，就能不用流泪直视太阳。可是我们无论流多少眼泪，无论想出多少办法，就是无法把握人心。人生中很多事，努力了就会有好的结果，但是有一样东西，或许是怎么努力也无法得到的，那就是人心。

　　无论你曾经做对过、做错过，一个铁了心要走的人，你哭、你闹、你死，他（她）也可能不会回头，他（她）或许也早已不在乎。可能是因为与你在一起不再快乐，可能是因为跟你没有未来，可能是因为想找下一个了，也可能只是因为从未爱过……无论是什么原因，面对要走的人，坚持挽留都是徒劳。能怎么办呢？面对爱人的离去，监狱外面的人和监狱里面的人一样，能做的都不多。

　　美国当红歌星凯蒂·佩里在巡演期间和丈夫感情生变。她在演唱会前突然收到了对方的分手短信，在化妆室情绪崩溃，泪流不止。外面是数万名等着看她演出的观众，里面是众多的乐手、伴唱、伴舞、道具师、灯光师、化妆师……这些人期待着忙完今天的演出就能挣到一份收入，他们有他们要养活的家人，而她抑制不住地哭泣，他们只能在边上看着，或许担心今天的演出是否能照常进行，或许也为她感到悲伤。一个工作人员蹲在她身边告诉她："你有两个选择，你可以选择取消这场表演，或者你可以做到最好。"哭了很久，凯蒂·佩里选择了继续演出，换好衣服，走向舞台的路上仍然无法抑制悲伤，临上场前也还是控制不住地大哭。等到实在没有办法再拖下去的那一刻，站上舞台底下的升降台，她擦干眼泪，调整呼吸，拿起话筒，扬起头，展开笑容……演唱会依然成功，舞台下的人谁都没有看出她经历了怎样的痛苦，她只是装作什么都没发生过。但是我们无法想象，也无法体会演唱会的热闹和掌声过后，她又是怎样度过那个夜晚的。

无论你是因为什么原因进来的，如果你爱的那个人没有离开，你很幸运，但是要知道没有什么是理所当然，他（她）的等待也是如此；如果你爱的人离开了，你会难过，但"强扭的瓜不甜"，请学会放手，既成全别人，也成全自己。相遇总有原因，不是恩赐就是教训。如果是恩赐，就感恩；如果是教训，要学会吸取教训，避免重蹈覆辙。怎么也放不下的时候，可以想想他（她）是怎么放下你的。

每天都要努力让自己嘴角上扬，告诉自己"今天还是要笑"。希望你我的眼睛，只看得到笑容。

关于子女

我爱你，是我的事，因为我愿意

"我的孩子现在还小，该不该让他知道父亲是一个正在服刑的罪犯？会不会让他在同学面前抬不起头？""我的孩子知道爸爸是一个正在坐牢的罪犯，不想读书，自暴自弃，我该怎么办？""我的孩子责怪我犯罪坐牢给家人带来了许多压力，都不想认我了，真是痛苦！"……如何妥善处理与子女的关系，是困扰很多罪犯的一个问题。处理不好，会给监狱的服刑改造带来诸多不利影响；处理好了，能给改造增添强大的动力。那么，我们该如何应对因为服刑带来的亲子关系压力呢？

　　第一，是该不该让孩子知道的问题。其实这是一个"伪命题"，为什么呢？因为不要看孩子还小，其实他们都非常聪明，他们很善于从身边大人的言行举止、神态语气来捕捉信息、觉知事物。家人虽然告诉他"爸爸（妈妈）出远门了，一下子难以回家"，可是爸爸（妈妈）为什么没有经常给家里打电话？难道过年也不能回家？加上家人欲言又止、躲闪迟疑的神情，都会让他们产生猜疑与遐想。再加上社会信息的开放性，邻居亲友、同学玩伴的议论难免会让他们对事情的真相猜个八九不离十，所以要对孩子隐瞒自己正在坐牢服刑的事实是比较难的。而且，一味地隐瞒只会让孩子生活在各种怀疑和猜测中，因为不知道说什么，也不知道该如何应对，在同龄人面前也愈发难以抬头。与其纠结于该不该让孩子知道，不如多想想如何引导孩子正确面对"爸爸（妈妈）正在坐牢"的真相。一是承认事实。主动告诉孩子爸爸（妈妈）的犯罪事实和现在正在服刑的现实，具体的犯罪情节可以视孩子的年龄和认知程度等进行选择性地告知。这样既可以避免孩子因为不知情而在瞎猜上耗费时间和精力，也可以表现出对孩子的尊重。二是承认错误。通过主动承认错误，一方面可以引导孩子认识到：如果犯错了，要勇敢面对，积极改正；另一方面也可以告诉孩子虽然人难免犯错，但是有的错误所付出的代价是非常惨重的，把自己当成反面教材，帮助孩子树立正确的是非观。三是总结教训。不是总结下次犯罪要如何提高技艺，而是把自己的教训转化成能够教给孩子的人生课程。曾经有位罪犯因故意伤害罪被判刑入狱，谈起犯罪经过，主要是他和妻子在路边等车时吵架、心情不好，和几个喝醉酒的小青年发生了口角，而他有随身携带水果刀的习惯，于是顺手用水果刀将其中一个冲向他的人捅成了重伤。回想起来，他总说如果那天不去亲戚家吃饭，如果没和妻子吵架，如果公交车早1分钟到……可惜，现实是没有如果，时光也不可能倒流。他很心疼自己的孩子，也不知跟孩子说些什么。笔者跟他说或许可以先让他的孩子从他的教训中学会如何管控自己的情绪，不要意气冲动行事。同时也要学会不要图一时方便随身携带水果刀等凶器，万一与人有了冲突，这把刀不是伤人就是被人夺了伤己。也就是，尽可能学会用最小的伤害、最小的代价解决冲突。

如果你能够帮助孩子从承认事实、承认错误和总结教训这三个角度去看待"爸爸（妈妈）正在坐牢"

的事实，那么，就能减少带给其的消极影响，也能帮助其在面对同学、朋友或他人的质疑或嘲笑时做好更多的准备，而不是事到临头无从应对。同时，也让其学会了从负面事件中看到正向意义。

第二，是孩子知道事实后自暴自弃的问题。笔者有一次高等教育自学考试监考，遇到一位年届五十的罪犯，问他："你年纪也不小了，为什么要参加自考？"他说："我不是为了加分，分数对我意义不大。这是我和儿子的一个约定，我儿子读书不用功，成绩不理想。会见时我告诉儿子：老爸和你一起学习，老爸年纪这么大都能学好，我相信你也肯定能学好！所以我报名参加自考，用功读书，这是我对儿子的另外一种陪伴。"这是一位有心的爸爸，他没有因为坐牢而自暴自弃，而是希望借助自己的行为告诫和勉励孩子如何面对困难和挫折。每一位正在服刑的罪犯，虽然你们身处困境，但是只要对自己不抛弃、不放弃，你的行为就是对孩子最真诚的忏悔、最良好的示范和最强劲的鼓励。就如"己所不欲，勿施于人"所言，你做不到的，就不要期待他人能做到，如果你希望自己的孩子好好学习，你最好拿出好好学习的态度和成果；如果你希望自己的孩子不要自暴自弃，你首先就要拿出永不言弃的姿态……如果你只会说"我就这样了，没办法了""等我出去了都很老了，也没用了"，那么你最好先放弃对孩子的鼓励和期待，因为你的言语将会是非常苍白、毫无说服力的。你做好在监狱里你该做的，然后再要求孩子做好他（她）在外面该做的。

第三，是如何面对孩子的埋怨和不理解的问题。孩子的不理解和埋怨其实是正常的，毕竟你的坐牢服刑给他（她）带来了额外的精神、经济压力和负担。但是要相信血浓于水，更要相信"精诚所至，金石为开"。要争取孩子的谅解，可以试着从三方面入手：一是争取良好的改造表现和改造成绩，让孩子不为你的改造担心，相信你在真诚地悔过，看到你的努力和改变，看到希望；二是努力自力更生，不要向家人提一些过分的要求，给他们增加额外的负担，尽可能靠自己的力量去解决改造中遇到的难题；三是利用书信、亲情电话、会见等通道，尽可能地多与孩子沟通交流，多了解他（她）在生活中遇到的困难和烦恼，给他（她）一些建议和意见，让孩子感受到你对他（她）的关注和支持。能做到这些，你和孩子的沟通自然会顺畅起来，和孩子的关系自然会更和睦。

另外还要提两点建议：一是不要一厢情愿地"为你好"。有位罪犯说等出去了还是会选择犯罪，问及原因，说是家里有两个孩子，欠他们太多，所以他要给这两个孩子赚够100万。且不说他在出去后还能否靠以前的犯罪方式弄到100万，也不说这100万非法所得能否安全落入两个孩子的腰包，更不要说给予每个孩子50万是否就体现了这个父亲对孩子的责任和义务，就说作为父亲是否考虑过自己给孩子的是不是孩子想要的，是否问过孩子是想要100万还是父亲的陪伴、一家人的团聚。他（她）明明喜欢苹果，你却非要让他（她）吃梨，从来不知道、也从来不问问孩子到底想要的是什么，这怎么能算是"爱"呢？二是学会与孩子"同频共振"。有的罪犯说跟孩子沟通的时候，孩子好像什么都听不进去，还有点不耐烦。这里需要考虑的不仅有你的沟通方式，还有你的沟通内容。也就是说，现在外面的社会变化非常快，你如果因为待在监狱就拒绝接受新知识、新信息，很有可能会导致你跟孩子的沟通不在一个"频道"上。曾在谷歌和腾讯任职的吴军说："教育中最可怕的事情是，用上一辈的思想教育这一辈的人如何去迎接 20 年后的未来。"这点是社会上为人父母要忌讳的，你在监狱里更需要了解。

当然，你可能还有疑问，那就是，即使你都做到了上面所提的建议，但是你的孩子还是对你不理不睬，甚至要断绝关系该怎么办？这个问题还是可以用阿德勒的方法来解决：把"你怎么对孩子"和"孩子怎么对你"当作两件事来看待。换句话说，就是你可以问问自己："爱不爱孩子?"如果爱，就好好地爱孩子，因为你愿意。至于孩子会如何回应，是孩子的事，是孩子的选择。你不要把自己为爱孩子而做的事当成索取孩子对你的爱的手段，也就是不要因为自己为孩子做了一些事，就要求孩子给你一样的反馈。或许，这个问题也就解决了。

关于同犯

弱者报复，强者原谅，智者忽略

在监狱里，如果跟周围的同犯不能保持良好的关系，可能会让你觉得刑期更加无法忍受，因为这些人与你朝夕相处，24小时"粘"在一起。相比于监狱这个更大的环境和拥有管理权的警官，同犯更容易让你产生"逃无可逃""躲无可躲"的挫败感、沮丧感。你们虽然待在一起，穿着一样的衣服，做着近乎一样的事，但是很少有人把同犯完全当作"同类"或"同伴"，而是会有自己不同的理解。你怎么看待周围的这些人，在很大程度上就决定了你与他们相处的态度和方式，以及你现在所处的状态。下面大概列举了一些对待同犯的看法，不知是否与你的想法相符。

第一类，把同犯当作过客。有罪犯说"我不想和同犯交朋友，最多是争取相处得融洽一点"，"大家一起聊聊天，点到为止就好，毕竟出去以后跟他们不是一个世界的人"。这类罪犯只是把同犯当成不得不暂时在同一个地方待一段时间的人，会尽量避免与同犯发生冲突，但也并没有要跟同犯深交的意愿，只把他们当成人生旅途中的过客，这些过客可能是自己看不起的或看不起自己的人，也可能只是觉得双方原来的生活方式相差太大，自己的刑期或他们的刑期到了，就说再见，且再也不见。

第二类，把同犯当作朋友。这类罪犯从同犯，尤其是老乡的言行中感受到他们对自己的关心，因而把他们当成朋友，和他们交流自己的想法和苦恼。一位罪犯因为与他人的矛盾，跟自己的"朋友"提及想要"教训"那个人，这些"朋友"告诫他不要冲动，他最终也冷静下来："别人只要不招惹我，我现在不会平白无故去打架。他们一直都劝我，说毕竟我们都奔三了，该成熟点，有些东西不要太计较，该放下就放下。"

第三类，把同犯当作威胁。这类罪犯往往是在认为对方危及了自己的颜面后，觉得有必要出手教训他。比如觉得自己被整了，有一个罪犯说："虽然说两个人的矛盾是因为没有沟通引起的，但是我都沟通两次了，而且沟通了两次之后这个矛盾还在，这说明他就是想整我。所以那天刚好他从厕所回来坐在那里，我看到他就生气，就用凳子拍了他一顿。"再比如，一个罪犯这样形容被打的同犯："被打的都是那种话很多的人，对方讲我讲多了，我感觉脸拉不下来，就会头脑冲动。"对于他们而言，自己的尊严遭到了同犯的威胁，会让自己"混"不下去，所以有必要通过暴力的方式维护自己的"面子"。

有一位罪犯总结了监狱里的为人处事之道："还是尽量不要和自己身边的同犯发生矛盾，从一点一滴做起，平常不要积累小的矛盾，跟他们把关系处理好，实在不行就离远一点。"其实，无论你怎么看待你周围的同犯，如果沟通得当，都会让"同犯环境"变得更加友善、和谐，也让自己在这里的日子能够过得更加顺利。而沟通最重要的，就是要多关注当下和他人的需求，用别人喜欢的方式去对待他。接下来介绍三条沟通的黄金法则。

第一，沟通无所谓对错，只有有效、无效之分。也就是说，你要想的不是谁对谁错的问题，而是你该怎么说、怎么做才能达到你的预定目标。如果你的预定目标没有达成，退而求其次的目标是什么，是否也可以接受。就如前面例子中的罪犯，他因为沟通了两次后还是不行就得出自己被整的结论，或许他应该反思的是自己的沟通效力问题。还有一位罪犯说自己与同犯、警官的关系都处理不好，总是说着说着就会吵起来。在跟他聊的时候，就发现他有一个特点，即使在征求意见的时候，他也会时不时打断别人说"不是这样的"……习惯性地否定他人的话语或意见，会给他人带来很不好的感觉。一而再，再而三，不吵起来才怪呢！如果他在聊天的时候，能够有意识地减少打断次数或不要急于辩解，跟他聊天的人的心情就会更加愉快，吵架的情况也一定会减少，同犯关系自然更加融洽。沟通时，如果偏离了原定目标，就会很容易把本来要解决的问题变成情绪发泄的问题，也就失去了沟通的意义。

　　第二，自己说什么不重要，对方接受什么才重要。要有效地进行沟通以达到自己的目标，还应该用对方能接受的方式。例如，你希望小组长在换床位的时候能够照顾你，结果他没给你想要的床位，你就很不"爽"，觉得连老乡情面也没给你。但是你有没有想过，你如果跟他沟通的时候，只是给他你们是老乡的理由，是否能够让他足够面对其他同犯的质疑。他是你的老乡，同时也是别人的同犯，是其他同犯的朋友，是个小组长，也是跟你一样的罪犯……他跟其他很多人都有各种关系，并不只是跟你有老乡关系。所以如果你的确需要一个下铺，你应该反思是否给了他足够的理由，让他能够跟他的"其他关系"交代。

　　第三，非言语沟通跟语言沟通一样重要。加州大学的名誉心理学教授艾伯特·梅拉比安曾经做过这样的统计，在一条信息当中，"语言（仅仅是词汇）只有7%的影响，38%的影响在于说话的声音（包括说话的音调、音调的抑扬顿挫和其他的声音），55%的影响在于非语言的交流"。只要与其他人在沟通，你就要重视自己的肢体语言，比如保持眼神接触，向对方表达你正在同步接收对话内容。如果你眼神飘忽，或者总是朝下、朝旁边看，对方可能不会想到你是紧张或害怕，只会认为你对他说的话不感兴趣、不耐烦，是对他的不尊重。另外，翻白眼、眯眼、皱眉、双手叉腰等都可能被视为敌意信号。你也可以想想自己在跟他人沟通时，是否有一些自己以前从未察觉过的"小动作"，而这些"小动作"可能正是自己沟通无效的"元凶"。

伟大的科学家爱因斯坦说："弱者报复，强者原谅，智者忽略。"这句话的大意是如果觉得被欺负了，无论是心理还是体力弱小的人会一心惦记着报复，强大的人往往会选择原谅，而智慧的人则根本不在乎，因为不值得浪费自己的时间和精力。监狱里的每个罪犯都有自己更在乎的人或事，无论刑期长短，也会有自己的"主要目标"。与同犯的关系是你的日常小环境，如果能够通过沟通把这个小环境营造得"舒适"点，就能使你有更多的时间和精力去专注于完成你的"主要目标"。

关于警官

改变是为了成就更好的自己

在某种程度上来说，到监狱服刑和在社会上一家单位上班还是有很多相似之处的。当你进入到一家单位，就会出现一个或若干个管理者，如果你处理不好与他们的关系，就会带来比较糟糕的体验。当你来到监狱，警官就是你的管理者，能否处理好与警官的关系，对你在监狱的改造有着至关重要的影响。接下来从三个方面来谈谈如何处理与警官之间的关系。

第一，你得承认警官和你是管理者与被管理者的关系。无论你是主动还是被动进来，既然到了监狱，就得接受监狱的规章制度，也要接受警官对你的管理教育。也许你会说："社会上的企业不一样，不喜欢还可以跳槽"，如果有那么简单就好了。前段时间有个视频很火，讲的是杭州市区晚上11点多，一个小伙子因为骑车逆行，被交警拦下。没想到的是，他突然就崩溃了：不停地说对不起，掏出手机砸在地上，掏出钱准备交罚款，掏出身份证准备接受处罚……做这些事情的时候，他是一边哭一边做的，他哭诉着公司催他回去加班，而家里女朋友忘了带钥匙催促他回去开门……他这次突然会崩溃，一定是已经撑了很久。这个视频引起了很多人的共鸣，也有人提出疑问："既然这么辛苦，为什么没有跳槽?"或许原因很简单，可能是因为没有足够的能力找到更好的工作，可能是因为如果没有找到下家就辞职，家里无法损失哪怕只是1个月的收入。所以只要进入一家单位，无论什么原因，只要走不了，就必须接受单位的管理，因为你可能真的没得挑。在监狱里也是，只要刑期未满，还没出去，接受管理就只能是你的唯一选项。

第二，不要总说有个别警官针对自己。如果你认

为有个别警官针对你，建议你从以下两个角度进行思考：一是反思自己的思维是否存在证实偏差。证实偏差是指一个人一旦确立某一种观念或信念，就会在收集和分析信息的过程中，偏向于寻找能够支持自己观念或信念的证据。也就是说，很容易接受支持自己观念的信息，而有意无意地忽略否定自己观念的信息。打个比方，你要跟一个人分手，就会告诉自己这个人有多不好，而忘了自己当年决定跟他（她）在一起的时候，一定是因为这个人的"好"才开始的。不断寻找这个人"不好"的原因，一方面是安慰自己作出这个决定是正确的；另一方面也是因为忽略了否定你这个决定的信息。这也是为什么如果你觉得有警官在针对你，那么你就会总感觉这个警官在"盯着"你。阿德勒曾经说过："如果你不相信对方，你一定会找出如山的证据。"当你作出"警官在针对我"这个结论的时候，先别急着说"就是如此"，还是要想想你是不是忽略了一些信息。如果你能学会这样反思自己，对你当下的改造以及回归后的生活都有帮助，可以防止你作出出现偏差的决策。二是反思自己的思维是否存在心理聚焦效应。心理聚焦效应是指一种倾向于认为有很多人关注自己的效应。俄国作家契诃夫写过一篇小说《小公务员之死》。故事大概意思就是，有个小公务员在一个美好的夜晚去看一部轻歌剧，正在感觉无比幸福时，他突然忍不住打了一个喷嚏。他像一个非常有礼貌的人一样拿出手绢擦脸，忽然他看到坐在前面的一个小老头正在用手套擦自己的秃头和脖子，嘴里好像还在嘟嘟囔囔的。小公务员慌了，因为他认出这个人是位将军。他赶紧跟这位将军道歉，这位将军说"没什么"。但是小公务员惶惶不安，趁着中场休息，又去跟这位将军道歉，将军有点不耐烦了，说"够了"，因为他已经忘了。但是小公务员没忘，他觉得这个将军肯定生气了，第二天穿戴整齐再去找这位将军，又说了一大通道歉的话。将军说"你是不是在开玩笑"。小公务员心事重重地回到家，还是很担心，第三天他又去找了将军，将军这次感到愤怒了，让他滚出去……当天晚上，小公务员就死了。这个故事可以从很多角度进行分析，其中一个角度就是"聚焦效应"，也就是小公务员认为自己被别人盯上，而别人可能压根就没关注他，因为这也要消耗别人的时间和精力。或许，看到这里你会说，写这本手册的人是不是在暗示："因为你是个犯人，所以警官才会没兴趣关注你"，并由此推断手册的笔者也在歧视你，而且越看越觉得你的结论是正确的。这个时候，你有必要先回到第一点去反思你这个结论是否存在证实偏差了。

第三，在处理与警官的关系时，应注意避免三个倾向：一是避免对立化。接受改造是每一位罪犯的义务，组织罪犯参加改造是警官的岗位职责，罪犯参加改造和警官管理教育两者相辅相成，并不是矛盾体，都是法律的必然要求。二是避免绝对化。每一位警官都是普通人，有血有肉，有情绪，有缺点和不足，不是完美的圣人，不要用绝对化的眼光去看待和要求警官。三是避免庸俗化。要摈弃"改造靠关系"的庸俗思想，独立进取，踏实改造，收获良好的改造成绩，也收获自信。

最后，需要指出的是，你或许还会质疑怎么这节的内容从头到尾都是让你们去反思，让你们去做出改变，难道警官就一定正确不用改进吗？要解答这个问题，一方面，你可以回头去看"认识归因"这节中"内归因"的部分，也可以回头去看"关于父母"这节中阿德勒提出的"别人怎么对你和你怎么对别人是两件事情，应该分开来看"，以便从中找到答案；另一方面，我很认同网络写手"和菜头"说的一段话："对于普通人来说，没有家世背景，没有社会关系，没有美貌和身材，唯一有提升空间的，也就只有自己的心智和思维。"你我都是普通人，如果我们能够改变自己的思维方式，就可以改变自己的感受，改变自己的行为，进而改变自己的命运。所以说，我们努力作出改变，不是为了他人，是为了成就更好的自己，是为了改写自己的命运。

第 三 章

信念重塑

谈论自卑

> 自卑感本身并非异常，它是人类处境得以改善的动力之源

走在路上，如果你遇到身高比你高出很多的人，你经过他时会怎么做？你可能会加快脚步，以避免在他身边停留太久；你也可能会下意识地挺直腰板，让自己显得更高点；你还有可能故意走得慢点，以彻底消除与这个高个子并排走的可能性……其实这几种表现方式都说明"你"感觉到了自卑。

自卑往往来源于比较。在监狱

里，有的罪犯听到同犯说进来以前有多厉害、多有钱，他觉得自叹不如；有的说自己个子小小的，很显然打不过别人，所以遇到"厉害的"同犯，总会做出退让，觉得自己很懦弱；有的提到其他人账上有钱、家里有人看望，而自己的家人因为经济条件差、路途遥远等各种原因，没有汇款，也没有会见，他选择沉默寡言，因为害怕聊天的话题会牵扯到家人，觉得有点难堪……他们不知道，在心理学家看来，让他们感到自卑的这些人中，有些的确是在进行事实陈述，但是还有很多人是因为内心的自卑而在夸大其词。也就是说，被羡慕的人或许和羡慕的人一样自卑。

《说文解字》里对"夸"的解释是"奢也"，意思就是奢侈。美国心理学家邓宁和克鲁格经过研究提出了"达克效应"，即能力越低的人越容易对自己产生过高的评价。可见，无论是东方还是西方，大家都倾向于认为：相比于自夸，敢于承认自己不是那么聪明、富有、漂亮才是自信的表现。换句话说，自信的人既不会轻视自己，也不会自大、自傲。有些人正是因为内心感到软弱，才会在外在表现得非常强壮，以便形成自己非常强壮的感觉和氛围，借以掩饰内心的脆弱。就比如，有的人总喜欢说自己认识哪个"大人物"。曾经有个罪犯说"老师，你到了××地方，就跟我说，我在那儿认识×××"。对于这样的罪犯，笔者一方面会感谢他的好意，另一方面也会为他感到担心。因为认识谁其实并不是最重要的，关键是你是谁。这种看似有人脉、有资源的自夸似乎是优越感的体现，但是事实上，恰恰是自卑感的表现。因为，这种外在的优越感是内心自卑的"补偿性举动"。就比如阿里巴巴的马云，他不需要通过挎一个名牌包或是开一辆豪车来证明自己的价值，他反而会简简单单地选择穿一双布鞋，怎么舒服怎么来，因为这样一双普通的鞋子并不能否定他的成功。越是自卑的人，越需要外在的条件来为自己"添光加彩"，这些外在的条件包括物质、人脉等。所以，以后再听到有谁在夸耀什么，不用急着羡慕，更不用因为自己相比而言显得非常不足、可怜而感到自卑。你应该先判断清楚他（她）是在说事实，还是在进行补偿性举动。有一句话是这么说的：如果想知道一个人缺什么，就看看他（她）在炫耀什么！

每个人多多少少都有自卑情结，只不过有的人通过"唯唯诺诺"表现出来，而有的人则通过"夸夸其谈"表现出来。阿德勒认为：自卑感本身并非异常，它是人类处境得以改善的动力之源。最关键的是，我们不仅要对自己有准确、清晰的认识和判断，还要始终保持勇气，敢于承认自己是有缺点的，并努力改变现状。以个子矮小为例，改变现状的意思是：首先，接受自己是个子矮小的，并且告诉自己矮小只是一种外在表现，你不应该通过身高来定义自己是一个什么样的人。其次，不要把自己的失败都归结于身高，否则你永远都用个子小来理解问题、应对问题。这相当于是给自己找了个很好的借口，可以不用努力的借口，因为你对身高的确无能为力。再次，面对对你个子问题进行嘲笑甚至捉弄的人，不要浪费你的时间和精力，一般可以不予理睬，心态好的还可以自嘲。最不可取的就是诉诸暴力或武力，用拳头的厉害来掩盖自己的自卑。他人一旦发现点评你的个子，你就会生气、愤怒或动武，就等于给了他人一个随时激怒你的"开关"。你应该把情绪控制的"开关"握在自己手中，而不是他人手中。

最后要谈一谈自卑的一个好处，那就是自卑的人更容易听取别人的意见。正是因为对自己不够自信，认为自己很多地方不如他人，所以无论是面对真实叙述还是夸大其词，都会更愿意去倾听、学习，因此也就拥有了更多提升的空间和可能。我们在与他人相处时，一是不要在感觉心里有落差的时候急着羡慕别人，或许他（她）比我们还自卑；二是也要想想自己是否自卑，我们的自卑是怎么表现的；三是利用自卑的好处正确处理自卑，每天努力让今天的自己比昨天的自己做得更好，学会与这个世界更和谐地相处。

谈论自杀

当人微笑时，世界爱了他；当他大笑时，世界便怕了他

英国BBC电视台拍摄了一部纪录片，叫作"如何死亡：西蒙的选择"。这部片子里的主人公西蒙毕业于牛津大学，会四国语言，家庭幸福，事业有成……一切都是那么美好。但是，就在平常得不能再平常的一天，他被发现患了运动神经元病，俗称"渐冻症"。得了这种病的人，会慢慢地失去对肌肉的控制，首先是手脚不能动、无法言语，然后会失去

对呼吸的控制，需要呼吸机的帮助才能维持生命，而且一般活不过1年。西蒙在被确诊后不久就作出了选择，他不希望自己不像个男人那样活着，因此决定借助安乐死来结束自己的生命。对于他的选择，大多数网友都表示了理解和支持，但有的也不能理解，认为"好死不如赖活"。在纪录片的后半段，西蒙只能卧病在床，所有的吃喝拉撒都要仰赖于他人24小时不间断的照顾。且不论他的选择正确与否，他的选择之所以能被大多数人接受，是因为他面对的不是能不能享受生活的问题，也不是日复一日有没有生活乐趣的问题，而是他连"活着"都需要借助他人才能做到的问题。相比较之下，有些罪犯在说"太困难了"或是"太痛苦了"的时候，可以想一想，是不是真的有那么困难？是不是真的已经到了无能为力的时候？

　　自杀在中国文化传统中往往会被认为是懦夫的行为，因为相比较于活下去，自杀被认为是逃避、放弃，是宁愿结束自己的生命，也不敢面对生活中的困难。也有些罪犯认为自己之所以选择自杀，是为了他人好，因为觉得自己是家人的负担。但是他没有问过家人，相比于要面对你的自杀行为，他们是不是宁愿承受你这个"负担"，也不愿接受自己那么亲近的人的离开。因为，一个亲近的人的自杀行为，看似比较快速地解决了自己的问题，但是对家人、朋友和周围的人的影响却是一生的。有研究表明，一个人的自杀平均会使 6 个家人和朋友的生活受到影响。因为目睹或是承受了熟悉或亲近的人的自杀，他们会有内疚感，也会有愤怒。法国心理学家塔尔德提出的"距离法则"指出：人与人的距离愈近，模仿性愈强。也就是说，与你有亲近关系的人在面对挫折或者困难的时候，非常容易地就会模仿你，也很有可能会选择用自杀的方法摆脱困境、解决问题。

还有的罪犯会想到自杀，是认为自己失去了一段宝贵的感情，希望通过自杀来惩罚那个离开的人，让他（她）产生内疚。事实呢？"亲戚或余悲，他人亦已歌"。面对你的离开，他（她）可能会痛苦，可能会懊悔，也可能根本不在乎。而且无论对方如何反应，这个世界里发生的事情，不再与你有关，你也无从知晓。有的罪犯则是把感情过于美化，觉得自己的死会让这段感情显得特别"凄美"，却不知死亡不能让自己像梁山伯与祝英台一样幻化成蝴蝶，而是化成灰，埋进土里。

美国约翰·霍普金斯大学教授贾米森说："对大多数人来说，自杀是两种情形交织的结果：经过一段时间的筹划和痛不欲生的绝望，然后在某一刻轻率地付诸行动。"也就是说，大多数人在最终实施自杀的那一刻都是比较冲动、轻率的，在实施自杀的这个过程中也有很多人是非常后悔的。美国旧金山的金门大桥是著名的"自杀圣地"，是全世界自杀人数排名第一的大桥，很多人选择这里来结束自己的生命。但是有研究发现：在 1937 到 1971 年期间赶赴金门大桥企图自杀但没有"成功"的人一共有 515 人，7 年后的跟踪调查发现其中 94% 的人都活得挺好的。也就是说，那些当年让他们想要纵身一跃结束生命的理由，早已不能让他们再次作出一样的决定。当坚持不下去的时候，告诉自己，再坚持一天试试看。如果第二天，还是觉得很难，告诉自己，再坚持一天……就像困难的时候，老人家就会说："能有多困难，觉得太困难，就去医院转一转，去 ICU 病房看看那些在生死边缘挣扎的人，是如何拼了命想再多活一天。"

曾经我也想过一了百了

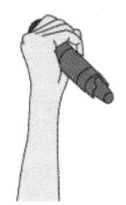

日本歌星中岛美嘉在出道 10 年后，突然在事业

高峰期被诊断患了耳咽管开放症。这种病对于一个歌手而言是致命的，因为其症状就是低音耳鸣，听不清声音。中岛美嘉慢慢地听不清自己的声音，因为听不清自己的声音，她就越来越大声说、唱，结果连声音也发不出了。她到处寻医，得到的结论都是"无法治愈"，她热爱的歌唱事业就这样被"判了死刑"。我们无法想象她有多难过，只知道她的体重曾经下降到 35 公斤以下。我们也无法想象她是怎么度过难熬的日日夜夜，只知道有一天她选择了复出。因为听不见声音，被歌迷指责是"车祸现场"；因为听不见声音，她用跺脚来计算节拍；连跺脚都没用的时候，她跪在地上，用手摸着音响去感觉节奏……对她而言，结果只有 0 和 100。即使再难，她只想着怎么解决这些困难，因为她绝不会轻言放弃。正如她的歌曲《曾经我也想过一了百了》的歌词所写：

> 曾经我也想过一了百了，因为被人说是冷血
> 想要被爱而哭泣，是因为尝到了人的温暖
> 曾经我也想过一了百了，因为你灿烂的笑容
> 尽考虑着死的事，一定是因为太过认真地活
> 曾经我也想过一了百了，因为还未与你相遇
> 因为有像你这样的人出生，我对世界稍微有了
好感

因为有像你这样的人活在这个世上，我对世界稍微有了期待

泰戈尔说：当人微笑时，世界爱了他；当他大笑时，世界便怕了他。只要活着，生命就不止一种可能。与你共勉。

谈论尊重

人们最在意两种尊重：应得的和赢得的

受到尊重，是每个人内心所渴望的。有的人为了得到尊重，对金钱、权力、功名孜孜以求；有的人为了得到尊重，不惜刀枪相见，乃至付出生命；有的人为了得到尊重，不惜散尽千金……尊重对一个人的意义和价值可见一斑。很多罪犯虽身处大墙内，可是并没有自暴自弃，他们严于律己，用良好的改造成绩来获得警官和同犯的尊重。但是，也有少数罪犯认为"拳头"和"关系"才是硬道理，结果不仅没有得到尊重，反而伤人伤己。那么，我们该怎么看待尊重呢？

美国著名的心理学家马斯洛把人的需求分为五个层次，从低到高分别是：生理需求、安全需求、爱与归属需求、尊重需求和自我实现需求。简而言之，生理需求指的是人首先得活着，而安全需求是指人仅活着不够，还要不用担惊受怕。鉴于现在的环境，对大多数人而言，实现这两个需求应该不是大问题，在此就不多作解释。后面的三个需求都跟心理感受有关。爱与归属需求对应的是集体，也可以是一种关系，也就是说你能在一个你珍视的团体或一段宝贵的人际关系中得到归属感。尊重需求对应的是社会地位，是他人对你的认同。最高一层自我实现需求对应的是内心对自己的评价。这里和大家重点讨论尊重需求。

2018 年，美国马凯特大学管理学助理教授克里斯蒂·罗杰斯在《哈佛商业评论》杂志上发表了一

篇文章。他研究发现人们很在意两种尊重：一种是"应得的尊重"，也就是每个人都应该享有的尊重；另一种是"赢得的尊重"，也就是某个人因为表现出色、拥有特殊技能或人格魅力等而得到的尊重。总体而言，我们每个人都有"应得的尊重"，也需要做一些事去"赢得"尊重。在监狱里，让许多罪犯纠结的正是觉得"应得的尊重"没有得到，因而感到懊恼，还有的罪犯为了"赢得的尊重"，试图通过"打出一片天地"来达到目标。就如前面所说，尊重需求与我们的心理感受有关，如果得不到"应得的"和"赢得的"尊重，我们就会心里不舒服、不畅快。那么该如何获得尊重呢？

获取尊重的关键是认识到：尊重是相互的。也就是说，在得到"应得的"和"赢得的"尊重之前，我们应该反思自己是否向他人表达了自己的尊重。尊重的表达方式有很多种，比如说倾听对方的意见，借此表达我们认同对方的观点或聪明才智，而不只是怀疑对方能有什么好的想法，或是着急地去打断、反驳对方。或许我们在听到不同意见时往往会觉得对方不理解你，甚至不可理喻。但是，我们来自五湖四海，家庭背景、教育程度、观念思想、兴趣爱好不一样，经历的人和事也各不相同，所以对同一件事就可能有千差万别的看法。对此，我们可以告诉自己保持开放的心态，抱着学习的态度，认真倾听他人的声音，包括赞同和反对的意见。法国启蒙思想家伏尔泰说："我不同意你说的每一个字，但我誓死捍卫你说话的权利。"我们要尊重别人说话的权利，也要学会倾听不同的意见。

又比如说，尊重他人尊重的事。每个人对事物的判断都有自己的标准，你看不惯的不代表是错的，不能因为你不喜欢或者不认同，就去否定他人。在监狱里，有的罪犯对于被骂粗口很反感，甚至大打出手。你骂粗口"去你×的"时，你觉得不过是口头禅，没有特别的意思，甚至觉得那个罪犯的反应很奇怪或是莫名其妙。但是表现"过激"的罪犯或许对这些粗口有不同的理解，可能他认为自己已经失去了很多，没办法跟家人经常联系，或者说觉得对家人有愧疚，这个时候你的一句口头禅就会触动他的神经，让他伤心、难过甚至愤怒，这也是很多冲突会爆发的原因。如果你尊重他视为珍贵的东西，你也就做到了尊重。

再比如说，对他人尊重的人表示尊重，就是尊重这个人，因为这说明我们赞同他的判断。有的罪犯说很"服"某个警官，但是你可能会觉得这个人可真会"拍马屁",不过是讨好警官。你会有这种想法,或许只是因为你的经历让你对警官产生抵触,但是你要想到,他表示对某个警官的尊重,可能也是因为他的经历让他产生了这种想法。有的罪犯喜欢某个歌星,你或许会觉得这首歌有什么好听的或者那个歌星可真难看。我们中国有句话叫作"萝卜青菜,各有所爱",被你拼命打击却被他人喜爱或尊重的人,对他人而言正是特别珍贵的。

当然,让你表达对他人的尊重,不是让你"讨好"他人,也不是让你太好说话,我们说的是:自己有边界,也尊重他人的边界。或者说,你有自己的做事原则,但是同时你也对他人的做事原则表示尊重,允许每个人都是不一样的。你这样做了,自然而然,你"应得的"尊重也会被尊重,还会为自己"赢得"尊重。

谈论公平

> 不能只是站在自己的立场追求自己的公平

"我觉得警官劳动工序安排不公平，凭什么安排我做这么难的工序?""法院的裁决不公平，为什么同样的分数，减刑幅度不一样?""那个负责分菜的犯人不公平，分给我的菜分量比别人少!"……听到这样的议论，我经常会问他们："如果是你分到了容易的工序、减到了最大幅度的刑、分到了最好的菜，你还会不会这样想呢? 你是不是觉得这样就是公平呢？别人又会不会觉得这样是公平呢？"大多数罪犯听了我的问题，都会沉默不语。

可见，公平虽然是罪犯比较关心的改造热点问题，可是很多人更多关注的是自己的个人利益。也就是说，他们所谓的公平，多是站在自身利益角度上的公平。这样的公平显然不是真正意义上的公平。从定义上来说：公平就是处理事情合情合理，不偏袒任何一方。作为罪犯，该怎么去理解和把握公平呢？

首先，该站在什么角度去看待公平。公平是一个相对的概念，只有相对的公平，没有绝对的公平。很多时候，站在你的角度是公平的，但是站在对方的角度，未必是公平。现在很多罪犯对监狱里面的伙食、居住条件不满意，认为不公平。可是，如果罪犯的各项保障和处遇超过了一定标准，甚至优于或高于社会普通公民，这难道是公平吗？2017 年四川某监狱为三名表现良好的罪犯举办了集体婚礼，从三位罪犯的角度，或许会认为这是亲情帮教的一种形式，可以帮助本来只是事实婚姻的罪犯通过合法途径解决子女就学入户问题，有利于促进改造，更有利于刑满后融入社会。但是有的罪犯会进行比较，抱怨自己所在的监狱不够公平，怎么没有实施这些措施。社会上很多人更是表示无法理解，在网上留言"还能不能认真严肃地服刑，别扯那些什么人文关怀！服刑就是服刑”
“这真是中国的悲哀，坐牢的人都有人嫁，好男人却
没人要”“监狱都开始包办婚姻了”……这就是站在
各自的角度对公平的理解，这也是为什么监狱工作在
力求兼顾法律制度与人性化管理的前提下，也要顾及
“民意”。换句话说，监狱倡导的公平既要从大多数
罪犯的角度出发，更要从广大人民群众的利益角度出
发，否则就违背了法律惩罚的初衷。

　　其次，是否用同一把尺子来丈量同一类事物。社
会上一直有个讨论就是高考是否公平的问题，也有寒
门再难出贵子的感慨，因为很多人一出生就已经输在
了起跑线上。有的人却含着金汤匙出生，从小读最好
的学校，接受最优质的教育，课外活动不像一般人家
画个画、弹个琴，而是骑个马、滑个雪、出个国等，
成为名牌高校的宠儿。但是，除非你能找到更好的人
才选拔办法和程序，否则你得承认，高考仍然是无数
贫寒家庭改变命运的重要通道，依然是相对公平的选

拔机制。因为，高考是用同一把尺子来衡量哪个学生可以进入大学或是更好的大学。有个罪犯曾经非常激动地说因为《刑法修正案（九）》的出台，自己变成了限制减刑犯，觉得非常不公平，甚至扬言要么法院改判给自己一个死刑，也算给自己个痛快，否则就要给监狱"搞事"。这位罪犯因为政策的变化发生情绪波动是可以理解的，但是《刑法修正案（九）》适用的是所有罪犯，只要他跟其他类似的罪犯得到的是一样的结果，而不是仅仅针对他个人，那么他就不能说是不公平。

最后，遇到不公平怎么办。曾经遇到一位罪犯，他因为家里的土地征用补偿款问题，一直通过各种途径上访，并且在自媒体上发布各种言论，发泄不满情绪。入狱后，拒不承认罪犯身份，仍然把主要精力放在向省市、中央各级部门写检举信上，拒绝参加监狱改造。且不说土地征用款事宜是否公平，单单就他在监狱中的表现，对其他罪犯而言就不公平。因为如果这个罪犯说心情不好，那个罪犯说家庭困难……并都以此为由不参加改造，那么监狱的执法权威和正常改造秩序就难以得到维护，其他罪犯的合法改造权益也必然受到损害。而且，他这样的行为也很难得到监狱民警和同犯的理解和支持，因为他在追求自己的公平的过程中损害了他人和监狱的利益。还有的罪犯在自身利益受到损害时，习惯于"用拳头"为自己谋公平，戾气十足，却不免让自己身陷暴力的漩涡无法自拔，代价惨重。在监狱里，因为琐事把同犯打伤而被索赔甚至加刑的罪犯并非个案。用非法或不合理的手段解决问题，最终只会让自身的合法权益浸染上非法的色彩，又怎么能够得到自己想要的公平呢？你们是因为违反法律进的监狱，更要"吃一堑，长一智"，学会运用法律武器，通过监狱提供的多种途径来维护自身的合法权益。

公平就像真理，或许我们永远无法触及绝对的公平。所以我们在追求公平的过程中，要学会用动态的、辩证的、全局的眼光去看待，不能只站在自己的立场追求自己的公平。只要你的诉求是合理合法的，那么你所追求的公平也是监狱所希望达到的，因为公平正义是社会主义法治建设的价值追求。

谈论义气

你把对父母、爱人、孩子的
"义气"置于何处

在被问及因为什么进监狱时，有很多罪犯回答"讲义气"。只不过，有的会很自豪地说是为了朋友、家人"两肋插刀"；有的则答得有些勉强，甚至有些沮丧、愤恨。勉强、沮丧、愤恨等情绪的背后是"失望"。为了朋友捅了人、背了债，结果自己进监狱后，朋友却渐行渐远，不再联系。有罪犯提到因为朋友的弟弟被人打，他为了"讲义气"帮朋友，拿刀伤了人，最后他进监狱了。女朋友因此离开了他，而朋友好像什么事也没发生过一样，没有一点表示，他觉得难以接受。问他："你觉得是什么原因？"这位罪犯认为自己跟朋友讲义气，很显然，朋友却不够义气。

记得以前看过一个故事，题目叫"这条鱼在乎"。这个故事说的是一次暴风雨后，有很多鱼被搁浅在海滩上，过不了多久，这些鱼就会因为回不到海里而死掉。有位路人看到一个小男孩，在把鱼一条一条地捡起来往海里扔。这位路人问他："这么多条鱼，你救得过来吗？"小男孩继续捡起一条鱼，一边指着这条鱼一边回答说："这条鱼在乎！"然后把这条鱼扔进了海里。如果这条鱼有思想、会说话，它一定会跟这个小男孩表达救命之情。可惜，这些被救的鱼不会说话，但是这个小男孩显然也并不在乎这些鱼是不是、能不能感谢他，他做这些事仅仅是因为他愿意。回到前面这位罪犯的困惑，他就需要问自己几个问题："自己帮朋友是不是被迫的""自己帮朋友是不是为了得到回报""因为你伤了人还进监狱了，朋友是不是就是'欠你的'"……如果这几个问题的答案是"是"，那么你的"两肋插刀"还能不能算是义气？

　　还有一个故事，也发生在海滩上。有一只刚刚出生的小海龟正在慢慢地艰难爬行，很显然这只小海龟的目的地是大海。有个小男孩看到此情此景，也觉得有必要像前面那个故事里的小男孩一样"出手"相助。他也捡起小海龟，"帮助"它回到了海里。好像这也是个"它在乎"的故事，但是这个故事有个不同的结果，因为海龟有个天敌，叫"军舰鸟"。这种鸟会在海龟爬向大海的过程中，从天空呼啸着俯身冲向海龟，把海龟当作美食。海龟如果白天爬向大海，估计不到2分钟，就会被吃掉。但是小海龟有自己的自我保护系统，那就是小海龟"部队"准备往大海进发之前，会先派出一只小海龟爬向大海，如果它安全了，就发出信号，表示它已经安全到达大海。如果接收不到这个信号，小海龟们就知道这只"先锋队员"已经"牺牲"了，它们就会暂停全军进发的行程。如果收到"先锋队员"的"安全"信号，它们会再派出一只小海龟，直到连续几只小海龟都成功了，它们才会开始大规模地全员往大海前进。如果那个小男孩帮助了一只又一只小海龟到达目的地，那么这几只小海龟到了海里，都会跟后面的大部队发出"安全"的信号，你觉得接下来会发生什么？在这个故事里，这只小海龟是被救了，它也肯定在乎，但是这是它想要的吗？是整个小海龟群体想要的吗？这个小男孩自以为是的"帮助"到底是善还是恶呢？同样的，你的"两肋插刀"是你的朋友想要的吗？你的朋友会不会希望你不要用暴力解决问题，也不希望你用"进去"来证明你们的感情？你希望他有所回应，会不会已经变成了一种道德绑架？

这两个同样以海滩和小男孩为背景的故事告诉我们，首先，你要反思你帮助他人做的事，是不是因为期待他人的回报而做？如果是，所做的事是否还能被称作义气？其次，你要反思你帮助他人做的事，是不是对方需要的？或者说你的帮助是不是基于有限认知、自以为是的"善"？如果你的"义气"是帮助他人做正确的事还好，如果是做违法乱纪之事，那么你的"义气"从全局和长远视野来看，就是"恶"，是在纵容和鼓励他人作恶，是在将自己和他人推入深渊。再次，你要反思你顾及了对朋友的义气，甚至不惜违反法律进了监狱，那么你把对父母、爱人、孩子的"义气"置于何处？最后，你需要反思的是，如果他人希望你通过伤害别人，并不惜让你蒙受损失、让你的家人伤心也要给他提供帮助，否则就指责你不讲义气，你是否还觉得他值得你跟他讲"义气"？

《辞源》上对"义气"提供了两种解释：一是指"刚正之气"，二是指"忠孝之气"。这里的义气首先不仅仅是指对朋友的义气，也包含你对家人的义气；其次，在现代文明社会，不辨是非、不顾后果地迎合他人的不正当需求不是义气，是无知与盲从。供你参考。

谈论自由

自由是什么？——是拥有说
"不"的能力

　　说起自由，大家或许会想到匈
牙利著名诗人裴多菲写的诗："自由
诚可贵，爱情价更高。若为自由故，
两者皆可抛。"自由对我们每一个人
来说，真的是非常可贵。

　　对于在监狱服刑的罪犯来说，最
大的痛苦和惩罚莫过于失去了自由。
在进入高墙之前，只要你没有触犯法
律，就可以自由行动，可一旦因为违
法而入狱，一个人必须按照监狱的规

章制度行事，犹如在肉体和精神上戴了一副无形的镣铐，难以舒展。于是，"没有自由"便成了很多罪犯难以适应监狱生活的主要理由，"太不自由"成了很多罪犯违规抗改的"最好"借口。

可是你们有没有想过，到底什么是自由呢？

根据定义，自由是一种不受拘束、不受限制的状态。如果从这个意义上说，绝对意义上的自由是不存在的。有谁能享有这种绝对的自由呢？有人说有权的人是自由的，可是古往今来多少帝王囿于深宫、困于政务，即使是便服私访都成为一种奢望；有人说有钱的人是自由的，可你有没有看到所谓的千万富豪，出门必须保镖随身，子女读书还要隐姓埋名，哪有平头百姓活得随心、随性。这里并不是说权力、金钱不好，而是想说权力和金钱也不能带来绝对的自由。

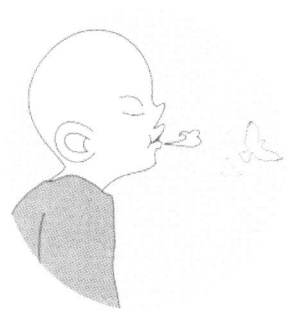

德国哲学家康德说："自由，是想不做什么，就不做什么！"无疑，这是对自由更深刻与独到的解

读。一个人如果能够做到"想不做什么，就不做什么"，一方面包含了对规则的敬畏，有所为、有所不为；另一方面则体现了内心的自由和强大。他的内心已经强大到摆脱了深层欲望的奴役，能拿得起，也能放得下，实现了身心的和谐与自由，这才是真正的自由。如果我们循着这个思路去反思自身的过错，会发现自己的犯罪原因恰恰是"不自由"——明知道不能做什么，偏偏就做了什么。有人因为亲戚来借钱拿不出就去诈骗，只怕被认为"小气"；有人因为朋友要你帮忙打架就对自己完全不认识的人挥起了拳头，只怕被认为"胆小"；有人安慰自己说犯罪是为了给家人更好的生活，只怕辛辛苦苦却拿着不满意的薪水……大多数罪犯并不是不知道自身的行为是犯罪行为，但是，在侥幸心理和内心欲望的驱使下，明知不可为而为之，终酿苦果。从这个意义上说，犯罪是因为个体内心的不自由，因为在不想做什么的时候，无法勇敢地说"不"。

子曰："七十从心所欲，而不逾矩。"这句话的意思是随心所欲而不越出规矩，达到内心欲望和做人规则融合为一的状态。其实孔子说的和康德所言是一个道理，而且孔子是这么说，也是这么做的。有一次孔子在游历讲学途中，口渴得厉害。他看见路边有一眼泉水，正要畅饮解渴时，发现泉边石头上刻有"盗泉"二字。孔子非常厌恶这个"盗"字，虽然干渴难忍，也不喝"盗泉"里的水。还有一次，孔子在陈、蔡两国之间的路上断了粮，跟随的弟子都饿得爬不起来了。弟子子路向孔子抱怨道："难道君子也有穷困的时候吗？"孔子说："君子穷困的时候能安守节操，小人穷困了就会为所欲为。"或许有人会说这么古老的人、这么迂腐的做法，放现在社会早就饿死了，已经过时了。但是，这些原则，在历史的长河中一再被证明是正确的。我们坚持不做一些事，因为它们是错误的；我们坚持做一些事，因为它们是正确的。

吴伯凡是《21世纪商业评论》的发行人，他提出自由就是被束缚、被奴役。以养宠物为例，他假设说：你养了只小狗，你惦记它，下了班就连忙赶回家带它出去遛弯，你就是自由的、幸福的；如果你有父母，你为了父母愿意放弃跟朋友玩的时间，陪他们一起吃顿饭，你就是自由的、幸福的……此时，你的束缚正是会让你觉得自由、幸福的东西。

在监狱，因为监规纪律，你不得不在规定的时间、规定的地点、做规定的事情，没有多少自由，还有的罪犯因为动了拳头进入监狱里的"监狱"（严管队），让自己失去了更多本已有限的自由。这样做，或许有自己觉得必须如此做的原因。记得有一次笔者要找一个曾经谈过话的罪犯，却被告知其已经进了严管队。到了严管队，他被一左一右两个同犯带着走出来，他看到我后赶紧低下头，看向了别处。他一定想起了自己曾经多么认真地说要努力早点出去，去找父母双亡的女友，不管那时她的生活是否还需要他。因为他曾经跟她许诺要好好照顾她。我知道他出去只是想知道她过得好不好，如果好，他就放心了，如果不好，他想让她再给自己一个照顾她的机会。这是他的一个心结。多少人有多少心结等着被打开，可是如果在遇到冲突和争端时，只想着不动手就是丢了面子，觉得自己没有办法，都是因为还不能真正理解自由的定义。就如这个罪犯，早点出去找女朋友的目标还是让位给了"挣"面子的目标。没有自由去做自己真正想做的事，而是总在自己其实并不想做的事情上浪费宝贵的时间、精力和自由。

自由是什么？——是拥有说"不"的能力。让我们把眼光放长，学会拥有更多的自由，对明知不正确的事说"不"，去坚持正确的事。这样，我们就不再只是由基因和环境塑造的，我们把自己慢慢变成了我们想要成为的样子，成功地完善了自己的性格，也成了一个更加自由的人。

谈论成功

告诉我我会死在哪里，我将永远不去那个地方

曾经问过罪犯一个问题：你们认为什么是成功？他们的答案不尽相同，却很接近。

罪犯 1：我做生意，赚到钱，感到自身很成功，如果亏本了，就是不成功。

罪犯 2：我也是感觉有钱。

罪犯 3：有房有车，什么都有，如果自己什么都没有，就会觉得很失败。

罪犯4：有个同犯说他有2个亿，我很服他。

不知道你会对成功如何定义，是否也是用财富或者权力作为判断的依据。或许你也可能会反问这个社会不就是如此吗？没听说过"笑贫不笑娼"吗？

先来讲一个马尔科姆·格拉德维尔在《异类——不一样的成功启示录》里提到的故事：1889年，路易斯和他的妻子瑞吉娜漂洋过海来到了纽约，他们来投靠路易斯的姐姐（也是个移民）。到了纽约后没多久，他们带去的钱就无法继续维持生活了，得赶紧想办法赚钱。当时他们已经有一个孩子，妻子瑞吉娜还怀着孕，可以想象路易斯当时的压力有多大。他卖过鱼、毛巾、桌布、笔记本、香蕉、袜子……直到他们的第二个孩子出生，来到纽约已经3年多了，路易斯的小买卖还是一直都没有起色。为了养活四个人，路易斯每天在大街小巷转来转去，希望能够找到做生意的机会。有一次，他坐在街边，吃着妻子做的三明治午餐，他想到了是不是可以做服装。因为在他的家乡，大家都会自己做衣服，而在这里大家都是买做好的衣服，也就是成衣。从此他随身带着一本本子，到处记录人们穿什么，服装店在卖什么。他想要找到这里有人穿，但没得卖的衣服。有一天，他看到有个小姑娘穿的小围裙非常漂亮，但他所住区域的商店里没有见过这种围裙。他回到家告诉妻子，然后就去买了需要的布匹，一起剪裁、缝纫、做纽扣……一直忙到第二天早上，他们终于完成了 40 件分别供幼儿和儿童穿的围裙，然后他上街去叫卖，结果 1 个小时就卖完了，他一路跑回家，兴奋地跟妻子庆祝。故事的结局并不意外，他和妻子的生意继续原来的模式，利用自己会做衣服的优势以及对市场需求的准确判断，越做越大，从此摆脱了贫穷的困境，也改变了自己和他的孩子们的命运。

这个故事与其他成功人士的故事似乎并没有什么不同，但是让我印象最深刻的是他卖完围裙跑回家与妻子的庆祝方式："他激动地牵住妻子的手和她跳起快步舞。"在那个时候，他还没有开始他的生意，也不知道口袋里还有多少钱能够维持现在已经非常困苦的生活，更不知道让他激动的想法是否真的能改变他们的生活。但是他和他的妻子互相陪伴，一起努力，始终对生活充满热情。罗曼·罗兰说：世界上只有一种英雄主义，就是看清生活的真相后依然热爱生活。在我看来，"热爱生活"就是一种成功。你或许可以问问自己："我有多久没有这么热情洋溢地生活过了？"

对成功单一地定义，必然无法享受生活的丰富多彩。成功的定义应该是多元的：无论你是贫穷还是富有，有人陪着你一起走是成功；你落难时，有人愿意给你"雪中送炭"也是成功；你谁都无法依赖、只能靠自己，但好在四肢健全也是成功；即使你身体有残缺，但你的心里始终充满善意也是成功；努力地活着也是成功。你或许会觉得如果这就叫成功也行，但是如果想要取得更大的成功呢？这里不介绍成功学，只想要给你提供一个不同的思路：想要成功，可以从你认为什么是失败开始，或者说从如何避免失败开始。

在二战期间，统计学家沃德教授研究应该给飞机的哪个部位加装装甲，因为如果全部加装，飞机就太重了，所以希望找到最容易致命的部位进行加固。大家检查所有的飞机后，发现机翼上的弹孔数量最多，而机身上的则非常少，因此得出机翼更容易被打中的结论，提出应该给机翼加装装甲，但是沃德教授表达了不同的意见，他认为大家犯了一个逻辑错误：幸存者偏见。要找到这个问题的答案，不是看飞机库里的飞机哪儿中弹多、哪儿中弹少，而是要看那些没能飞回来的飞机哪个部位中弹多，因为这些部位的中弹让这些飞机"牺牲"了，再也没能回来。而很多飞机虽然机翼中弹多还"活着"飞回来了，这说明机翼并不是飞机的"要害"，因为看不见的弹痕才最为致命。

举个例子，看到有的人得到了你认可的"成功"，如果你依葫芦画瓢却失败了，或许就是因为你没去看那些也照搬这个模式却失败的人"死"在了哪里，因为你只看到成功的人在讲成功学，而"死人"却再也无法开口。查理·芒格是股神巴菲特的合伙人，他有一句名言：告诉我我会死在哪里，我将永远不去那个地方。你也可以问问自己：如果我不做什么，我就可以不进监狱？特别是多次服刑的罪犯，更要问问自己，为什么明知道会"死"在哪里，你却仍然赶往那里。

希望你：一是不用单一标准定义成功。问问你的内心，你到底想要什么，并要学会在努力向上和心态知足之间找到平衡点；二是不只是学习成功学，也多学习失败学；三是如果失败了，学习一下茶壶，屁股都烧红了，还有心情吹口哨。

第 四 章

回归创业

创业之产品

> 一个产品如果不好，即使渠道和
> 营销做得再好，也只能赚一时的钱

有一次活动，一个罪犯说等出
狱了不想到工厂打工，想创业。可能
很多人听了会笑话他，因为创业哪有
那么容易。但是，很多人也会考虑，
自己为自己打工，辛苦点也值得。但
是创业成功的确是很难的，因此我们
有必要了解创业的相关知识，想想哪
些是自己以前没有考虑过的，如果以
后有创业的打算，就能目标更加坚
定、思路更加清晰地去执行。即使以

后不打算创业，如果自己的家人或朋友聊到相关内容，你多了解点知识，说不定也可以帮他们理清思路，给他们提点建议。简单地说，创业至少需要考虑三大块内容：产品、渠道和营销。相关的知识点很多，分三节进行简单介绍。这节先介绍产品。

大家都知道"价廉物美"中的"物"指的就是产品。一个产品如果不好，即使后来的渠道和营销做得再好，也只能赚一时的钱。以做食品为例，关键是提高产品的味道和品相。刚刚发生的一件事情，让我印象很深刻。过年一般人家都会买点花生，普通的花生5元一斤，有朋友向我推荐了一家店，说是云南七彩花生，味道非常好，就是有点贵，要30元一斤。朋友强烈建议尝一下，而且一定是要这家店的，还非常热情地把店家地址和电话发来。我想着过年了，就买了一些带回老家，结果发现味道真的很好，家人一颗接一颗地吃，根本停不下来。来的客人也对这些花生产生了浓厚的兴趣，纷纷询问在哪里买的。送给朋友的几斤也很快被"消灭"，吃完了还来问：淘宝上是否有卖的？花生快吃完了，也吃出了人生感慨：要多赚钱！财务自由就不想了，至少要实现让父母吃花生的自由。

从上面这个简单的例子就可以看出，任何东西只要品质够好，就会"酒香不怕巷子深"。所以如果要创业，首先要考虑做什么产品，并回答一系列的问题，比如：这个产品有何与众不同之处？如果单靠产品的品质，能否确保顾客成为"回头客"？面对同类产品的竞争，是否能够让你的客户优先选择你的产品？等等。

还是以这个花生店为例。吃过的人觉得这种花生与其他花生最大的区别：一是味道好；二是不像其他花生吃多了会有上火的感觉。这其中的"诀窍"或秘方没去问过，但是这家店的花生就第3段中提出的问题，基本上都能给出一个肯定的回答。品质有了，接下来，就可以考虑建立品牌了。这家花生店的老板是云南的，他家的花生是自己种、自己煮的，除了卖花生，还卖自家的核桃、红枣、苹果……都是从云南发货，再在杭州的一个菜市场摊位上卖，装花生的袋子也是普通的封口袋，没有任何标识。从长远考虑，可以给自家的产品取个名字，注册一个商标打在包装袋上，往做品牌的方向去靠。等以后做大了，甚至可以给自己的品牌或花生增加一个故事，强调健康、绿色或云南的浪漫元素等，让这个品牌背后的故事或关联的关键词更容易被人接受、记住，因而也就更容易想起这家店和这家店的产品。

　　有的罪犯可能会说家乡并没有特色的产品，怎么办呢？著名产品人梁宁把好的产品主要分为两类。第一类是能针对用户的"满足感"，比如刚才讲的花生，能满足吃客们的口腹之欲。再比如现在很多手机游戏或电脑游戏之所以这么火，就是因为它能让人觉得满足。一个人在人群中显得孤单？没事，打开手机玩会儿游戏；和很多朋友在一起觉得无聊？没事，打开手机或电脑组团玩游戏；一个人在家无事可做？没事，打开游戏……你会发现，时间很快就一个小时一个小时地过去了。这些产品都能让客户获得满足感，满足诸如消遣、娱乐或社交的需求。第二类是能针对用户的"恐惧感"。这种产品也很多，比如吓唬妇女同志们不擦某种护肤品就容颜易逝，或是不敷某种面膜就会皮肤缺水；等等。现在还有很多做内容音频的，就是强调：你如果不来我这儿看我推荐的书、我制作的音频，你的知识可能就过时了，你当然也很快就会过时……看到这些信息的人有一些就会被"吓得"赶紧下单。无论你是贩卖"满足"还是"恐惧"，只要你进行创业，你的产品必须考虑是否能满足客户的某种或多种需求。

要创业，至少要考虑好两个问题：①你销售的产品是什么，你的产品特色是什么，主要解决客户的满足感还是恐惧感？②你的产品的对标是什么或是谁？也就是说，要找到你的竞争对手，是其他绿色食品店还是完全不相干的日用品店？可以怎么解决与它们的竞争问题？创业中仅产品这个环节，就需要思考很多问题，不要想得太简单了，但是也不用想得太复杂，一步一步走。

创业之渠道

积极开拓渠道获得成功的概率总比"守株待兔"的概率更高

渠道，以前指水渠、沟渠，是水流的通道。现在这个词早已被引入商业领域，用来指产品的流通路线。在创业过程中，做好了产品，还有很重要的一点就是拓展渠道。简单来说，渠道包括两方面内容：①客户在要买你的产品时能买得到；②除了老客户，你最好能源源不断地招揽更多的新客户。

对于第一点，再以那家花生店

为例。这家店在菜市场租了个摊位，但是就有个问题，现在的人越来越"懒"，或者美其名曰时间越来越宝贵，吃饭、买菜、喝咖啡等，都是通过网上下单，尤其是年轻人，只要有外卖，可以很长时间不出门。如果要留住这些客户，这家店可以通过"美团""饿了么"等外卖平台，解决当地客户的需求，让他们足不出户，就能买到自家的产品。这家店还可以选择直接对接高档小区消费者，与"虫妈""邻里团"（社区生鲜平台，在社区设立自提点，用户可选择送货上门）等合作。通过与这些社群运营方合作，打通自己跟客户之间的通道，实现线上和线下同步销售。另外，也可以通过"淘宝""京东"等电商平台，解决外地客户的需求，让他们不用跑到杭州也能享用到一样的产品。通过这些平台，构建起这家店与客户之间的交流渠道，留住老客户，同时也会收获新客户。

对于第二点，这家店选择在菜市场租了个摊位，是个不错的选择。因为虽然这家店的花生价格高，入驻大商场也能带来更大销量，但是可能会因租金、人力成本过高而无法负担，所以这家店还是应该考虑通过其他渠道来确保获得新客户。首先，最重要的就是通过老客户的口碑获得新客户。比如说因为花生这个产品做得好，货源也很稳定，短期也看不出要关门的意思，因此，就会有朋友强烈推荐这家店，热情程度堪比这家店的销售员。因为朋友、家人等强烈的"分享"意愿，就会有人选择买了跟家人分享。以此类推，相信这家店一定能通过老客户获得很多新客户。其次，开拓新的渠道，找到新的客户。除了上面提到的电商平台等渠道，还可以选择异业联盟，即通过与自己完全不一样但有关联的商家合作来增加售货渠道。比如说，很多小饭馆会在客人点的菜上来前，赠送一碟花生或瓜子，让客人边吃边等。花生店老板可以跟这些饭馆老板谈判，说服他们用自家的花生作为餐前点心，告诉老板说不定顾客会因为花生美味，就多些耐心，而不会太过计较较长的等菜时间。不过，在这之前，还是要考虑到由于这家店的花生单价高，更加合适的异业联盟选项或许是比较高档的KTV、酒吧，因为这些场所的消费水平高，本身也有花生提供出售以便客户配酒喝，而且这些店的老板会更在乎花生的品质，而不是花生的价格，因为他们也希望客户不仅唱得高兴，喝得高兴，也会因为喜欢自家的食品而愿意再次选择消费。除此之外，这家店还可以考虑跟新型便利店合作，例如成为一些便利店的供应商，也会是一个很不错的选择。

需要注意的是，前面介绍的渠道有很多，你不可能全部都去试一下，因为这样必然会带来试错成本。就以淘宝平台为例，你通过注册、信息填写、账户激活、实名认证、进入卖家中心等一系列手续后，终于成了一个淘宝卖家。但这只能算完成了"万里长征"的第一步。比如你可以假装自己是客户，在淘宝页面输入关键词"花生"，就会发现跳出来的商家成千上万，而你的店完全被淹没在各种花生店铺的"汪洋大海"中，不知所踪。而且，即使有客户通过这个平台下单，你也要考虑线上线下打通后的人工成本，是否需要增加人手担任专职在线客服；网上购物必然涉及物流费用，是买家还是卖家承担；如果要提高自家商铺在淘宝的自然搜索排名，是关注点击率、收藏率还是购买率……这就意味着，首先，你需要根据自家产品的特色和实际情况对所有可能的渠道进行成本效益核算，也就是找到能以最低成本获得最大收益的渠道；其次，对选中的渠道进行人力、物力和财力的布局；最后，深耕渠道，以获得最大效益。

当然，你也可能会说，就是卖点花生，做点小本生意，有必要这么麻烦吗？麻烦还是有点麻烦的，不过大生意一般都是从小生意起步的，而且虽然"酒香不怕巷子深"，但是积极开拓渠道获得成功的概率总比"守株待兔"的概率更高。

创业之营销

营销，简而言之，就是要想办法让自己的产品被有需求的客户知道

营销，顾名思义，我们首先想到的就是推销。有个把梳子卖给和尚的故事，大概情节是：有个公司要招一个推销人员，为了看看哪个来应聘的人更合适，就给他们出了一道题目——要求他们在一个星期之内把梳子卖给和尚。一个星期后，结果出来了。有一个应聘者卖出了1把，说是自己去寺院推销，被和尚赶出来了，因为他们以为他嘲笑和尚没头发，后

来还是有个和尚看他可怜才买了1把。还有一个人卖出了10把。他说他找到住持，说来进香的人如果蓬头垢面的，是对佛祖的不敬，应该放几把梳子供大家梳头。住持认为有理，就买了10把。第三个人卖了1000把。他对方丈说，来进香的人那么多，寺庙也可以有所回赠，让方丈在梳子上写几个字作为赠品，送给来寺庙进香的善男信女。方丈听了这个主意很高兴，马上就买了1000把梳子。这个故事到了今天不仅有不同的版本，后续还有更多故事，又有人增加了如何卖更多梳子给寺庙的情节，目的都是要说明推销的重要性。

到了今天，现代经济再讲营销，不太会提倡"把梳子卖给和尚"。网上有个马云谈论销售的视频，意思是阿里巴巴有个员工曾经给其他员工做销售培训，讲的就是把梳子卖给和尚的案例，马云听完后就开除了这个人，因为这种销售形式无论是方法还是案例都有忽悠的成分。现在的销售首先考虑的是，如果产品好，就会有需求；如果用户有需求，但卖不出去，才是销售方法或技巧的问题。

销售方法的内容非常多，这节简单地介绍商业顾问刘润有关营销的两个概念。

第一个是单客经济。简单说就是利用各种手段，与客户建立互动，促进客户重复购买。旅游景点的商贩往往不太会考虑单客经济，考虑到来景点游玩的游客都是"一次消费"或"一次博弈"，因此会尽力"宰客"，他们赌的就是这些客户再次来这里旅游购物的概率非常低，所以不必担心他们会因为"被宰"过而拒绝再次选择自家店的问题。但是，多数创业的人都要考虑与客户之间长期的互动关系，希望客户来自己这里购买过一次后，还会再次来购买。以前面两节提过的花生店为例，要提高单客经济，首先，需要维系客户的信任，即以稳定的品质、具有竞争力的价格确保客户的"回头率"。由于产品足够好，推荐的朋友只要买花生等产品就会首选这家店。人多少都会有点惰性，有没有比30元更便宜的花生？同样是30元有没有味道更好的花生？应该有，但是另外找一家店或是到淘宝上去搜索都要花时间。多数人会更倾向于买自己信任的东西，而不是另外花时间去找别的东西。其次，不断刺激客户的满足感。这家店会利用微信在朋友圈告诉大家有哪些新鲜的食品到货了，哪些食品在这个季节吃、对身体有何好处等信息，通过微信单向传播信息也是非常不错的营销手段（刘润把这个称为"建立客户容器"）。但需要注意的是，有的客户看到这些产品信息，或许会无动于衷，因为一方面价格高，另一方面不是必需品，有的吃行，没有的话不吃也行。这家店或许需要想办法增加老客户的满足感，比如定期针对老客户做个促销，买多少送多少，以此来刺激老客户的购买欲望，增加重复购买率。最后，要满足关联需求。这家店的主打产品是花生，花生吃多了，还是可能上火的，但是这家店还卖自家的苹果和枇杷，到了秋天还卖红枣和核桃……有了相对丰富的品类，就能在客户上门时不但能卖点花生，还能推销一点其他产品，客单价自然也就提高了。

第二个概念是"饥饿营销"，指的是故意造成供不应求的"假象"。很多商家都会采用这种营销手段，例如买苹果新款手机要深夜排队，买某款新车要先交定金然后等几个月。还有些饮品店，例如"一点点""喜茶"，刚刚开店时，店门口都有长长的队伍，让路过的人一看到这种"场面"就得出"这家店的产品好吃"的结论。有些店通过这种手段，很快就传播了自己的品牌，让自家店和产品被大家所熟悉，也聚集了大量人气，以至于很多人纷纷赶去排队购买，以免自己错过了一个好产品。但是，也有些产品慢慢地就再也没出现过。因为饥饿营销的前提就是你的产品不可替代、消费者心智不成熟和市场竞争不

激烈。而且过度的饥饿营销也容易让客户因反感而流失。还是以那家花生店为例，如果有客户想多买几斤花生给家人尝尝，结果店主考虑采用"饥饿营销"的方法抬自己的"身段"，让客人只能买到一点甚至买不到，可能就会得不偿失，因为毕竟卖花生的不是只有你一家，有些客户会觉得这家店的货物供应不足，就转而找其他店了，再发现产品质量也没相差多少，就可能从此"见异思迁""喜新厌旧"，再也不回头了。这时，"饥饿营销"的结果就是让自己被其他商家代替了。

营销的方法还有很多，例如广告、公关、加入行业协会、得到各种奖或者认证等。现在是互联网社会，通过微信、抖音、快手、淘宝等平台播放介绍产品的视频或者直播进行推销也早已成为很多商家的选择。营销，简而言之，就是要想办法让自己的产品被有需求的客户知道，然后觉得你的产品对他们而言是有价值的，进而成为他们的优先选择。

　　创业的内容很多，有关产品、渠道、营销的知识也很多，无法在此一一详述。宏碁（hóng qí）的创始人施振荣是我国台湾地区科技产业的教父之一，他提出微笑曲线理论（ ），意思就是在一条产业链上，笑脸曲线的中间是制造环节，附加值最低，更应该关注微笑曲线的两端：一端是产品的研发与设计，另一端是渠道与营销。供你参考。

机会成本

> 做选择是有成本的，损失就是被
> 放弃的其他选择的最大价值

很多临近释放的罪犯会很苦恼，因为不知道出去之后做什么。我曾经碰到一位罪犯，他是因为打架斗殴进监狱的，现年 26 岁，还有 2 年可以出狱。在被问及出去后的打算时回答："我想出去先跟我妈包工地，因为我妈一直在做这个。但是我这个人对工地不太感兴趣，我对娱乐场所比较有兴趣。但是到娱乐场所上班我可能很容易变坏，我不想再坐牢了。

所以有点左右为难，想得挺多的。"

你们可以换位思考一下：如果是我，我会怎么选择？或者我会建议他怎么选择？

一个人作决策时，用得最多的方法就是凭经验感觉。这位罪犯的首选是做回以前的老本行——酒水促销员。原因可能一方面是"对娱乐场所比较有兴趣"，他等到出狱时 28 岁，年纪也不算大，还是不太喜欢朝九晚五的工作模式，因为会觉得比较单调、枯燥和乏味；另一方面可能是因为他对做这个行业一年能挣多少钱、是否能养活自己比较熟悉，因而感觉更有把握。这位罪犯可能还会出于一种考虑才会对这个选择更加感兴趣，那就是希望出去后能够靠自己打拼，或是想等到"出人头地"后再回去面对家人和朋友。

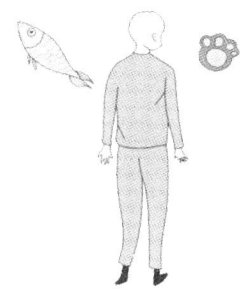

对于上了年纪或者观念比较传统的人而言，首先觉得这位罪犯是幸运的，因为他能有两个选择，而很

多罪犯未必有他这样的第二选项。其次，我们也会根据经验感觉做出判断，感觉他跟他妈妈"包工地"会是更好的选择。因为，如果他选择跟他妈妈一起做，不仅有人带，可以边学边做，养活自己，而且由于是自己的妈妈，也不用担心因为自己曾经服刑过，被歧视或者不被信任。假以时日，这位罪犯可能还能独立承包工程，做出一番事业。另外，就如这位罪犯自己担心的"我不想再坐牢了"，如果选择娱乐场所，也就是一般人眼中"鱼龙混杂"之地，无形中就会增加"再坐牢"的风险。

作选择是有成本的，做了这个，就做不了那个。经济学中有一个概念叫作"机会成本"，指的是为了得到一样东西而放弃另一样东西的最大价值。假设有个人十年前有 100 万元现金，如果在他面前有两个投资选项：楼市和股市，那么选择投资楼市的机会成本是他所丧失的能从股市获得的最大收益，同样的，选择投资股市的机会成本就是他所丧失的能从楼市获得的最大收益。按照我国近十年楼市和股市的行情来看，如果这个人当时最终选择了楼市，大概率会比选择股市获得更多的收益，也就意味着投资楼市的机会成本比投资股市的机会成本小。按照经济学的观点，作决策就是要选择机会成本小的那个选项。

以前面这个罪犯为例，假设他跟他妈妈承包工地一年保守估计挣 10 万元，但是如果做得好可能可以挣到 25 万元，也就是说，承包工程一年的最大价值是 25 万元。再假设酒水促销员的平均收入是一年 15 万元，但是如果做得好可能挣到 20 万元，那么做酒水促销员一年的最大价值就是 20 万元。我们用一张表来显示这两个选择的机会成本。

承包工程	酒水促销
一般 10 万元	一般 15 万元
选择承包工程的最大价值是 25 万元	选择酒水促销的最大价值是 20 万元
选择承包工程的机会成本是 20 万元	选择酒水促销的机会成本是 25 万元

这位罪犯选择跟妈妈承包工地的机会成本是被放弃的酒水促销的最大价值，即 20 万元，而选择酒水促销的机会成本是被放弃的承包工地的最大价值，即 25 万元。所以，这里就该选择机会成本更小的承包工地。当然，如果做酒水推销的机会成本更小，就应该选择酒水推销。

但是，以上仅仅是从经济角度计算机会成本，我们要记住成本中还有些价值是无形的，无法简单地用数字来衡量，例如承包工地或酒水促销是否具有成长性和可持续性。具体而言，就需要考虑从事所选职业是否会随着一年一年的经验积累获得更高的职位或更大的成就？所选行业从长远看是有扩大还是萎缩的趋势？哪个选项的生活成本更高？跟着妈妈一起做是容易增进还是破坏母子之间的感情？两个选项因为打架、吸毒甚至再次犯罪的概率各自是多少？等等。这些成本在大概量化或设置分数后都可以放到前面的表格中进行计算，两个选项各自的机会成本也就一目了然。

对于身处监狱中的你们，也可以用"机会成本"的概念去分析你犯罪的机会成本。简而言之，就是算一算你犯罪一共得到了多少利益，如果不犯罪，这几年你可能在哪儿、做什么、得到的最大利益是多少。

"机会成本"的概念好像很新，但是很多人会觉得这是以前就知道的利弊分析。应该说这两个概念的核心思想差不多，都是把作一个选择的利和弊拿出来进行比较分析。但是需要注意的是，一方面，"机会成本"更加注重用数字（即换算成具体多少钱）来说明每个选项的价值，以便更加直观地表现出不同选择带来的利益或损失。另一方面，我们经常面临的一个困境就是："知道"和"去用"是两码事。也就是说，我们可能学会了"机会成本"或是以前就知道"利弊分析"，但是我们可以反思一下，我们在作选择的时候，是不是还是倾向于仅仅依靠经验直觉作决策。

日本作家久保忧希提出了"数字力"这个概念，即使用数字来进行有条理的分析从而进行决策的能力。这个能力可以成为我们"问题解决工具箱"里一个新的工具。人与人之间的一个重要差别就是遇到问题时，解决问题的方法是单一的还是多元的。希望我们都是方法比问题多，这样或许就会少很多焦虑，作出的选择或许也更"有利"。

沉没成本

沉没成本不是成本

人生的道路充满选择。假设有一天你去看电影，找到一部评价不错而且看上去合你口味的电影，票价50元。电影开始了，但没过多久你就觉得这部电影不好看，这时你会怎么选择？

1. 坚持看完；

2. 站起来离开。

无论是选择1还是2，电影票的钱都已经付了，也就是说50元钱拿不回来了，大多数人会选择1。每个

人选择 1 的理由各不一样，有的觉得要把电影看完才值那 50 元电影票；有的觉得虽然不好看，但想想也没有其他更重要或好玩的事可做，看就看吧，免得浪费了这 50 元钱。这其中的考量都包含了对这已经花掉的 50 元钱的"舍不得"。有句老话叫"覆水难收"，西方有句类似的话叫"不要为了打翻的牛奶而哭泣"，都是希望人们不要在无法挽回的事情上再浪费时间和精力。经济学家把这个例子中的"50 元钱"称为"沉没成本"，即已经发生且无法收回的成本，而且认为沉没成本不是成本。

前面提过一个概念，叫"机会成本"。"机会成本"和"沉没成本"结合在一起会影响人们的很多决策。因为每个人的时间都是一年 365 天，一天 24 个小时。也就是说，在给定的时间，你做了这件事，就无法做另外一件事。就比如看电影的一个半小时，花掉的 50 元钱是你的"沉没成本"，而看电影的机会成本则取决于你因为看电影而放弃的另一样东西的最大价值，比如说看书、陪伴家人、赚钱。这个机会成本的多少取决于你对这些有形的、无形的东西如何定价。关键是，经济学家会建议我们不要太过纠结于"沉没成本"。就比如例子中的看电影，既然不喜欢看，就应该不要再顾及这50元钱的"沉没成本"，站起来离开去做另一件事反而会减少你的"机会成本"，让自己的损失不再继续下去。

经济学家斯蒂夫·兰兹伯格说："当人们能够切身感受到自己行为的成本时，很多问题就会得到缓解。"不过，概念学习了，道理也懂了，在现实生活中要正确实践这些理念并不容易。比如说你出狱后信心满满准备创业，结果投了钱却始终看不到利润，或是你进入一家企业洗心革面准备好好工作养活自己和家人，结果发现还有收入更高的企业……这个时候是不是应该用"沉没成本不是成本"来说服自己放弃，转而投向可能更好的创业项目或打工的企业呢？但是，这里需要按个"暂停键"，难道"坚持就是胜利"这句话就此退出江湖了？到底该听老祖宗的智慧结晶还是经济学家的谆谆教诲呢？好苦恼。

我们可以把这个问题放一边，先看一个商业中的经典案例。在20世纪60年代，英法两国联合研发

"协和式飞机"，这种飞机机身大，能装载更多的乘客，而且速度特别快。与此同时，波音公司也在研发这种飞机。过了不久，两家公司都面临相似的问题，比如研发费用惊人，仅引擎的设计成本就需数亿元，还有中东石油危机爆发导致石油价格上升等。此时，两家公司都已经在这款飞机的研发上投入了大量人力和财力。如果放弃，被打水漂的可是巨额资金，但是波音公司最终选择了放弃，而协和公司则选择了坚持。当然协和公司管理层在这个过程中肯定是非常纠结的，而且随着投入越大，越难做出停止前进的决策。最后，协和飞机研发成功了，但是由于耗油大、运营成本太高等因素的影响，本来准备制造1370架协和式飞机，最后只造了20架，因为没有航空公司购买。而当时选择"半途而废"的波音公司则转而研发用油少、价格更便宜的波音747飞机，结果赚了盆满钵满。

在这个案例中，以成败论英雄肯定是有问题的。经济学家告诉我们"沉没成本不是成本"是让你不要拿"沉没成本"作为对未来决策的参考依据。就像波音公司，管理层在作决策的时候，肯定也会心疼已经投入的大量研发费用，但是纠结"沉没成本"没有用，因而需要把这部分已经投入的费用抛在脑后，单纯地把接下来要继续投在协和式飞机还是转投波音747飞机的成本预算、油价涨幅、市场预期进行比较，以作出决策。现在再回到前面的创业是否要继续以及是否要换单位的问题，就可以按照同样的逻辑来进行决策了。那就是，不要受已经投入的"沉没成本"的干扰，单单就接下来可以如何做的几个选项进行分析。执着于收回"沉没成本"，难免就会忽略了"机会成本"。

当然，有的罪犯掌握了这个概念后，或许会问："既然已经发生的是沉没成本，不要去纠结，为什么一入监，警官就会让我们'认罪悔罪'？这个'罪'不就是沉没成本吗？看来警官才需要好好学习这个概念。"但是你要知道，认罪悔罪的根本目的是什么？到底关注的是过去，还是当下和未来？警官要求你认罪悔罪，不是揪住你的过去不放，而是希望你从自己的失败中总结教训，最终目的是你在当下能够更好地改造，在将来不重蹈覆辙，也就是让你的沉没成本不再增加。

概念很简单，也不难理解，但是知易行难。就像一段多年的感情，对方要跟你结束。如果你知道无法挽回，这段感情就已经是你的"沉没成本"。你就该赶紧擦干眼泪，免得损失更多的机会成本，但是我们可能还是会忍不住难过、悲伤、沉沦，一遍遍地问为什么，一天天地走不出来。经济学家告诉我们：沉没成本不是成本。不要再把时间和精力放在沉没成本上，要看当下，要看未来。真正能做到无论是监狱内还是今后回归社会后的生活，都不让自己陷入沉没成本过大的泥潭，很难，但是如果做到了，你就和很多做不到的人不一样了。更重要的是，你跟过去的自己不一样了。

最后来分享泰戈尔《飞鸟集》中的一句话：如果错过太阳时你流了泪，那么你也要错过群星了。

第 五 章

人生导航

人生三问

这里是什么地方？你是什么人？你到这里做什么？

大家都非常熟悉入监三问：这里是什么地方？你是什么人？你到这里做什么？不知道有多少人认认真真地想过这三个问题对你的意义，还是把它们当作不过是监狱和警官让你们遵规守纪不给他们制造麻烦的手段。事实上，如果我们再深入地想一想，在时间和空间上做一些突破，那么，这三个问题就可以贯穿人的整个一生，指导无论是监狱里面还是外面的人生实践。

第一问，这里是什么地方。这个问题是让我们清楚自身所处的环境。俗话说：到什么山上唱什么歌！当我们内心清晰地意识到自己所处的环境，才能作出与这个环境相匹配的举动。例如，到医院看病就诊，应该做到安静有序，不能像在菜市场一样吵吵闹闹；到了殡仪馆，应该庄严肃穆，而不是兴高采烈。同样的，监狱是国家执行刑罚的场所，到了监狱，应该要严格规范、听从指挥，而不能像在外面一样自由随意。

第二问，你是什么人。这是让我们清楚对自己的身份认知。人在不同的场合有不同的身份，有些人在家里是父亲或母亲、丈夫或妻子，回到父母家又变成了儿子或女儿，到了单位是领导或职员，到学校读书就成为学生。你们到了监狱，不管你原先是领导还是普通职员，是富豪还是贫民，身份就都转变为罪犯，因而也就应该用罪犯的行为规范来要求自己。就像监狱里的警官，在单位里由于职业属性使然，会显得比较严肃，但是回到家里或是和朋友在一起的时候，如果还保持这种状态，就会给自己带来问题。

第三问，你到这里做什么。这是让我们清楚自己的责任和目标。在不同的地方，处在不同的身份，自然就有相应的责任和要求。在医院里，如果你是医生，你的责任就是救死扶伤；在家里，如果你是父亲，就成了家里的"顶梁柱"，要照顾好家人；到了大墙之内，你作为一名罪犯，你的责任就是遵规守纪，努力适应这里的生活，改造自我，争取回归后做一个守法公民。

我们可以回望一下自己的人生，曾经犯下的错，走过的弯路，或许就是因为没有思考和回答好这三个问题。当我们在学校读书时，没有像学生一样要求自己，就想着玩儿，迟到早退，逃学打架；在单位上班，没做一个尽职的员工，工资和高的比，工作量和少的比；成年走上社会了，没有独立生活的能力和勇气，还在跟父母伸手要钱；结婚了，没有支持和包容妻子，还自诩她是打也打不跑的；成为父亲了，没有去抚养和关爱孩子，只会在孩子吵闹或成绩不好时才表现出父亲的"威严"；为人子女，却未尽赡养父母之责，只有在失去的时候才感慨"子欲养，而亲不待"。

到了监狱，很多罪犯适应不了监狱改造环境，究其原因也是如此。有的在家里是宝贝儿子或女儿，于是希望同犯和警官像父母一样照顾、迁就自己，陷入"为什么他们都这样对我"的痛苦，忘了自己已经是

个独立的成年人，早就该学会照顾自己，有责任不让自己也不让家人因自己而陷入麻烦和困境；有的以前在单位是领导或是社会上的"大哥"，进监狱后无法忍受他人的忽视，总觉得"我以前怎么样"，一把年纪也忘了该好好想想，如果过去的"荣耀"或尊重是因为位置或拳头带给你的，时过境迁，你已经不是以前的你，监狱肯定不是你摆架子、当大哥之地；有的很幸运，有家人会见、汇款，却会在父母千里迢迢赶来时给父母脸色，也会因为打架被严管而让赶来会见的妻儿空欢喜一场……总觉得家人对自己的好是理所当然，把最恶劣的脾气留给家人，忘了家人也有在社会上生活的难处，忘了家人因你出事而伤心、痛苦之后，却依然选择了接纳你，甚至还担心你在监狱里能不能过得好，想着尽量给你更多。这些话或许很刺耳，但是"良药苦口"，我们和你的家人一样只是希望你不要再进监狱，希望你在外面享受自由，陪伴你

喜欢的人、做你们喜欢做的事。

柳传志是联想控股的董事长，他在联想控股的内部活动上，也把自己 75 年的感悟转化成了对自己的"人生三问"：我是谁，从哪儿来，要到哪儿去。他说："大家应该好好想想，自己到底是谁？到底想做什么？未来的目标和你现在这个能力相比，到底有多大的区别？你还要做哪些积淀？等等。这些事其实经常想一想，是有好处的……想完了以后再做，总比船到桥头自然直要好。"

美国著名心灵导师威尔·鲍温曾说："给自己一点时间，别害怕我们重新开始。"希望你们都能静下心来，停下脚步，好好想想自己的"人生三问"，然后再重新出发。

打破循环

放弃不难，但坚持一定很酷

成为有钱人是很多人的梦想，我想大多数罪犯也是如此，但是怎么样才能成为有钱人呢？曾经有人提出疑问：如果将世界上的财富平均分配给每一个人，结果会如何呢？专家断言 30 分钟后，有人会花掉部分的钱，有人会大把赚钱，也有人会去豪赌输掉所有的钱——两年后，世界财富的分配情形，将会和平均分配前的情况相去不远，富有的还是原先那部分人，贫穷的也还是原先那部分人。为什么会这样？

瓦尔特·伍伦韦伯在《反社会的人》中提出：解决贫困问题，不是只要有钱就可以了，因为贫穷已经成为一种文化。如果你觉得只要有钱就可以解决自己所有的问题，或许你低估了这种文化。如果没有根除这种文化，有钱救不了你，其他人也救不了你。需要指出的是，这里说的贫穷，不仅仅是指物质上的贫穷，而是指陷于某种困境，尽管有意识地想要让境况变得更好，却始终无法做到，好像陷入了某种"循环"而无法自拔。说白了，这是一种精神意志上的贫瘠，是更加根源性的贫穷基因，而外在物质的贫穷只是内在精神意志贫瘠的外化而已。精神意志的贫瘠主要具有以下两个特征：

第一，没有持续做事的意愿和能力。这类人往往很难做到在应该的时间出现在应该的地方。有位罪犯因为吸食毒品，完全忘记了要在清明节跟家人一起上坟这件事，昏昏沉沉的，听不到父母无数个催促的电话，直到终于有点清醒接到电话才想起有这么一件事，很难做到"靠谱"。还有位罪犯和妻子摆了个烧烤摊，每天晚上的生意很好，收入也很不错，但是他很快就厌倦了每天凌晨才能收摊、一大早又要起来买菜的生活，做了不到 1 个月，觉得太辛苦，就跟妻子说要去找更"轻松"的生意，好让妻子不用那么累。而事实上，他丧失了克服困难的意志和勇气，把辛辛苦苦赚来的钱都拿去赌博了。还有很多罪犯即使是打工，也没法在一家企业持续地待一段时间，或是不能忍受按时上下班就转而寻求更加省时省力的途径去"搞钱"；抑或是听到老乡说哪里收入更高，就轻易放弃原来的工作；又或是觉得某个同事或工头对他不好，因为咽不下这口气就离开了，很难做到持续向着自己的目标努力。

第二，没有持续合理存款的意愿和能力。这类人只要手上有了钱，很快就会消费殆尽。社会上有"月光族"的说法，就是每个月工资刚刚拿到手，就会很快花光，不是买了早就想要的东西，就是得赶紧把上个月欠的钱还上。但是这里说的这类人不只是月光族，也包括没有按月或季度固定收入的人。这类人进账的钱有时多，有时少，并不是稳定的，进账的来源有合法的，也有不合法的，但是共同点就是进账多的时候会挥霍无度。马修·德斯蒙德在《扫地出门：美国城市的贫穷与暴力》一书中写道：没有稳定收入和住房的拉瑞恩一拿到政府发放的食物券，就直奔杂货店买了两条龙虾尾，还买了虾、国王蟹脚、沙拉与柠檬蛋白霜派。她一个人一顿饭就吃掉了1个月的食物券，至于明天、后天……该吃什么，她根本没有考虑。虽然很多人不会像她那样消费，但或许也能看到自己的一点影子。对她这样的人，作者表示了理解，认为"仅仅是从在贫穷中挣扎度日进步到在贫穷中安稳度日，两者间的鸿沟就已经让在底层的他们望而却步；就算是锱铢必较地存钱，脱离贫穷的希望仍然渺茫。于是他们选择'放弃治疗'，选择在苟活中光鲜亮丽、在磨难中寻欢作乐"。但是作者也能预见到像拉瑞恩这样的人不是不小心掉进了一个小坑，而是这辈子都翻不了身，因为享乐主义和即刻满足是这些人唯一可以想到的哲学。他们的双眼只看得到当下，不会用长远的视角去看一看前方，对未来几乎毫无期待。

或许你认为现在是你最糟糕的时候，或许你已经觉得自己没有什么可失去的了，但是如果你现在不作出改变，会发现还没摆脱原来的困境，又陷入了新的困境。吴军说："虽然我们通常会抱怨社会阶层固化，但是往下的通道永远是非常宽的。"马修·德斯蒙德也发表了类似的观点："人生的低点在此没有下限，向下永远都有空间。"要打破向下走的循环，只有咬牙向上，因为不进则退，你还有很多向下的空间。

　　持续做一件事，尤其是持续往上走的这件事，一定是困难的，因为需要耐心、恒心。但是正因为难，做到的人少，能做到的人也因此显得与众不同、弥足珍贵。东野圭吾在《解忧杂货店》里有一句话让人印象深刻：放弃不难，但坚持一定很酷。希望我们都努力成为这样酷的人。

持续学习

身在井隅，心向璀璨

罪犯在监狱服刑期间，可能会因为各种原因产生失望、沮丧、郁闷、愤怒的情绪，所以当听到有人建议好好学习时，可能就会反问："有什么好学的？改造这么紧张，哪有学习时间？再说，学了也未必有用！"在这里，和大家一起探讨一下学习问题。

第一，为什么要学习。有作家在写给儿子的书信中谈到了她对这个问题的理解："要求你读书用功，不是仅仅因为我要你跟别人比成绩，而是，我希望你将来拥有选择的权利，选择有意义、有时间的工作，而不是被迫谋生。当你的工作在你心中有意义，你就有成就感。当你的工作给你时间，不剥夺你的生活，你就有尊严。成就感和尊严，给你快乐。"人为什么会焦虑，究其原因，大抵逃不过手上的选项太少。遇到问题，如果有选项 1、2、3、4……，多数正在服刑的罪犯可能都不会选择犯罪，而现实是在当时，你们可能只有或者你们认为只有"犯罪"这个选项才能解决问题。华为在 2019 年给新招的应届生开出的年薪方案，最低的是 89.6 万，最高的是 201 万。这则新闻至少说明了两个问题。首先，读书改变命运，知识就是财富，这两句话至今仍然适用。读书依然是寒门学子改变命运的出路。其次，学习的最大问题和阻力就是，几乎很难能在短期内看到回报，如果没有前面十几年的寒窗苦读，如果没有足够的耐心和长期思维，要收获丰硕的成果几无可能。你在监狱里，无论刑期长短，都该学习，并且持续学习，因为井底之蛙的世界虽然只有头上这一方天空，但学习能带你跳出这方天空，看到更大的世界和更多的可能，也让你拥有更多选择的权利。

第二，有没有时间学习。美国福特汽车公司的建立者亨利·福特说："对于一个准备一辈子当工人的人来说，下班的钟声是休息的信号；对于一个有发展大志的人而言，下班钟声却是新的努力的开始。"这句话说明一个人如何度过自己的空闲时光，可能会是人与人之间是否真正努力的差别。监狱的改造生活确实比较紧张，但只要你愿意，学习可以随时、随地。中国当代著名文化学者余秋雨听说自己的一位朋友进了监狱，就托人带了一张纸条给他，上面写了一句话："平日里很忙，你现在终于获得了学好一门外语的上好机会！"过了几年，他接到一个兴高采烈的电话："嘿！我出来了，我带出来一部60万字的译稿，准备出版。"没有时间大多不是因为真的没有时间，而可能只是因为不想去做。只要你留心观察，你一定也可以发现身边在默默学习的有心人。有的罪犯利用空余时间潜心写稿，有的在别人休息时学习自考科目，也有的一边劳动一边钻研劳动工艺。时间是最公平的，"不积跬步，无以至千里"。你是否善于利用你的时间，将影响你回归社会后的走向。

第三，可以学点什么。学习的内容无外乎你感兴

趣的或是你缺少的。爱因斯坦说过："兴趣是最好的老师。"也就是说，一个人如果对某些事有浓厚的兴趣，就会主动去学习。还有可以想想自己在哪方面不太擅长，比如表达能力，可以注意观察周围的人是怎么表达自己的想法的，是怎么描述自己的情绪、问题的，哪些人用什么样的方式进行表达似乎更容易被接受。再比如人际交往能力，有的罪犯说最讨厌跟警官套近乎的人，自己可学不来拍马屁。有的时候也要想想，是自己不想学，还是不愿学。再比如内省能力。《论语·学而》中的"吾日三省吾身"就是指多多反思自己的言行，通过反思，发现问题，自己也必然会有成长。另外，还可以学点心理学，让自己多了解愤怒或抑郁背后的心理运行机制；学点经济学，为将来养活自己或撑起一个家做好更多的准备；学点逻辑学，让自己能够更准确地分析事物之间的关系，用数字来分析问题、解决问题……

英国作家奥斯卡·王尔德说："We are all in the gutter, but some of us are looking at the stars"，中文翻译为"身在井隅，心向璀璨"。这是我非常喜欢的一句话，意思是即使身处简陋的环境却仍拥有一颗向往美好的心。听过很多罪犯说"把刑期当学期"，说的也是一样的道理。与你共勉。

学会幸福

　　幸福就是寻找真正的自己，从精
神上真正独立

　　幸福是什么呢？积极心理学之
父马丁·塞利格曼把"幸福"划分
为三个维度，即快乐、投入和意义。
百度百科把幸福划为四个维度：满
足、快乐、投入和意义。虽然划分的
维度略有差异，但是达成共识的就
是：幸福是让你感到快乐的，是你愿
意投入时间和精力去获得的，而且你
觉得这样做是有意义的。回首过往，
你可以想想哪些事符合这几个维度并

让你感觉到了幸福，或是当时曾处于幸福中却不自知。关于幸福，我们还需要了解以下几点：

第一，幸福是相对的。幸福和客观因素有关，更是一种主观感受。就像每个人对成功的定义都不一样，每个人对幸福的理解也不一样，而且会随着时间的变化而变化。在监狱里，有很多人觉得如果每天都能吃上一顿红烧肉是一件幸福的事，也有人觉得每次会见时能见到家人就是幸福。可是进监狱之前，你或许会觉得每天吃红烧肉又腻又不健康，也可能觉得最受不了的就是父母亲每日的唠叨。另外，幸福对不同的人也不尽相同，你的幸福或许恰是他人的痛苦，就像有人喜欢呼朋唤友，有人偏爱一个人独处；有人享受锦衣玉食，有人热爱粗茶淡饭。正所谓："彼之砒霜，吾之蜜糖。"

第二，幸福需要学习。耶鲁大学的教授桑托斯开了一门课，课程名称叫"心理学和美好生活"。很多人会觉得幸福哪里需要学习，而且我们似乎早就到了"学了那么多道理，但就是过不好自己的人生"的这么一个阶段，所以对于学习幸福这件事不以为然。可事实证明还是有很多人非常在意对幸福的学习，同时选修这门课的人数曾经达到了1200人，创下了历史纪录，成为耶鲁大学317年以来最受欢迎的一门课。

如果这些能考上耶鲁大学这样顶级名校的人都还在学习如何幸福，或许值得我们反思，我们是不是也应该再多学点相关知识，看看我们是否能够变得更幸福。

第三，幸福需要感恩。桑托斯教授认为："变得幸福不是自然而然发生的，科学证明，幸福需要有意识地努力，需要时间。"这句话很简单，说得好像也是大家都明白的道理。那就是：如果要幸福，首先要努力，其次需要时间。如果你从未感觉过幸福，或许正是因为你还不够努力，花费的时间也不够多。桑托斯总结了一些获得幸福的具体方法，其中一个办法非常简单，可以供大家参考。那就是，连续一周，每天给自己列一张"感恩清单"。你可能会说，这点你也知道，但是桑托斯的要求是：去做。为什么会这样要求？很简单，我们都知道要学会感恩，但是如果连续一周，每天去想还有没有值得自己感恩的人或事，在某种程度上，你就是在反思自己过去的人生，并且，不是带着满腔怨恨，而是心怀感恩地回忆。你如果想要找到幸福的感觉而又没有更好的办法，或许可以从列感恩清单开始。

第四，幸福需要付出。很多人都有一个困惑，那就是曾经让自己感到幸福的事，过了一段时间，却无法再次获得幸福的感觉，心理学把这种现象叫作"享乐适应"。研究者们通过实验提出了解决方案：持续幸福的方法就是付出，或者说帮助他人。研究人员发现同样是 5 美元，如果让心理实验的参与者每天把这些钱花在自己身上，幸福感会持续下降，而那些被要求每天给一家慈善机构捐 5 美元的人，他们的幸福感下降幅度则非常低。也就是说，这些帮助他人的慷慨行为增强了捐赠人的社会联系和归属感，从而感到幸福。这或许也能解释为什么有句话是"赠人玫瑰，手留余香"。

如果你希望幸福，可以试着写感恩清单，从你的记忆深处寻找本该感恩的点点滴滴。如果希望持续幸福，你可以看看或想想身边的人是否需要帮助，然后给他提供帮助，并且记得你提供帮助是你愿意，而不是为了索求对方的回报，看看这样做的你是否能获得更多的幸福感。

阿德勒说，幸福就是寻找真正的自己，从精神上真正独立。无论你对幸福的定义是什么，希望我们都有学会幸福的能力，让自己更幸福，让爱自己、自己爱的人更幸福。

活出生命的意义

> 即使再看似毫无希望的境地，即使面对无可改变的厄运，人们也能找到生命之意义

有一位罪犯曾经说："努力的方向摆在那里，只是自己的勇气、能力都没有那么足了，觉得路程非常遥远，一步一步都非常艰难。"不知你是否也有过类似感触，或是正陷入这样的迷茫。

著名心理学家维克多·弗兰克尔是一个犹太人，职业是心理医生。在1942年，他和他的家人被关进了奥

斯维辛集中营，在这个集中营里有令人惊悚恐怖的毒气室，许许多多个生命排队走进了毒气室，然后就再也没有出来过。弗兰克尔最终从集中营幸存并撰写了著名的《活出生命的意义》，仅在美国就卖出900万册，影响持续至今。在这本书中，他描绘了刚到集中营时1500名囚犯如何挤在仅能容纳200人的棚屋里，空间小得连下蹲都不可能，食物是4天一块5盎司重（约150克）的面包。不仅如此，他还要努力让自己在队列行走时看起来精神不错，以证明自己是个能干活的"料"，因为如果看起来病恹恹的，就会被分配到另一支队伍：列队走向毒气室的队伍，但是即使因为看起来能干活而活了下来，每天仍然面临着死亡的威胁，因为没有足够的食物、糟糕的卫生、辛苦的劳动，看不到获救的希望……

书中写到作者慢慢地学会接受狱友扒下死去狱友的衣服和鞋子穿在自己身上，甚至有人因为抢到死者身上的一根细绳而沾沾自喜；学会在看到刚刚2小时前还在跟自己一起聊天的人突然死去后，低头继续喝汤；学会听到有人因为鞋子破得无法再穿只能赤脚走在冰天雪地中而嚎啕大哭时，从口袋里拿出没舍得吃的面包美滋滋地吃起来……忽然有一天，他意识到这样麻木、卑微、绝望的精神状态对自己毫无裨益，于是开始改变自己的活法：他不知道自己的妻子是否还活着，于是就在心里跟妻子进行对话，以便让自己感受到爱；他回忆过去生活中的琐碎：乘公交、打开门、回电话、打开灯，以便填补精神的空虚；他尽力给他人提供帮助：给狱友看病、给狱友鼓励、给躲避纳粹搜查的狱友打掩护……他靠着自己找到的意义活了下来，虽然等到他离开集中营的时候，才知道自己的父母、妻子和哥哥都已经死在了集中营。在这本书中，他没有过多描述自己在知道真相后的痛苦，读者看到的是他继续做心理医生，以帮助更多处于绝望中的人们。他为自己重新找到了活着的意义。

对待生命如此冷漠和残忍的奥斯维辛集中营早已成为历史，但是对生命意义的探寻是超越时空和地域的。弗兰克尔深信每个人都可以找到属于自己的生命意义，而这种意义可以通过三种方式来寻找：①通过创造或者从事体现人生价值的某项工作或者事业；②体验爱与被爱；③在苦难不可避免时采取积极态度。在这里，作者要传达的意思不是必须吃苦以证明自己能够承受痛苦，而是当痛苦无法避免时，每个人的生命意义都不同，每个阶段的生命意义也不同，必须由此人自己去寻找。对每一位罪犯来说，你进监狱之前活着的意义和现在当下的意义是不一样的，而这个意义在等到你出狱后又会发生变化。最关键的就是你要找到不同阶段的意义，如果以前从未考虑过，现在就是你给自己找到生命意义的时候。

生命的意义不是实在的东西，关键在于你如何去定义。比如失败，从反向定义，可以说是对自己的一次打击，对自身的一次否定；如果从正向定义，是成功地证明了"此路不通"。爱迪生说："世界上没有失败，只是暂时没有成功。"再比如服刑改造，如果你认为纯属浪费生命，那么就会选择混刑度日；如果你定义为悔过自新，那么你就会好好规划这段时间，只怕虚度。

斯蒂芬·列维特是畅销书《魔鬼经济学》的第一作者，他在1999年的时候失去了1岁的儿子，非常难过，但是随着时间的推移，他和妻子学会不再为失去这个孩子而感到悲伤，而是为曾经拥有过这个孩

子而感恩。脸书的首席运营官桑德伯格在一次度假期间，发现丈夫晕倒在健身器械边，抢救无效，她失去了丈夫。她一次次地问自己怎么可能熬过去，但是她还是挺过来并且写了《B 选项》，跟大家分享如何度过难熬的时候……如果不说，世人都只看到他们光鲜亮丽、神采奕奕的一面，却不知道他们现在的这一面正是经历过重大创伤之后的"重生"。首先，难过，就是再难也会过；其次，《金刚经》里的核心概念之一就是"离相无往"，指的是事物本身是没有意义的，所有的意义都是被填充、赋予的。如果能通过重大创伤、挫折或痛苦重新思考人生的意义，所经历的过程、熬过的日子才是有价值的，也就被赋予了意义。

哲学家尼采说："知晓生命的意义，才能够忍受一切。"作家毕淑敏说："人生本无意义，意义是活出来的。"弗兰克尔说："即使再看似毫无希望的境地，即使面对无可改变的厄运，人们也能找到生命之意义。"可见，人类无法忍受没有意义的生活。希望我们都能找到活着的意义，就像给自己的人生旅途找到一座灯塔或是一个又一个的灯柱，照亮我们前进的道路。

结　语

　　或许很多罪犯会说你们不是
"我"，怎么知道"我"正在经历的
痛苦，你们可以说得很轻巧，也只是
站着说话不腰疼，"我"每天改造任
务那么多，能够自己拥有的时间那么
少，能够获得的学习资源那么少，能
够获得的亲情和社会支持那么少……
其实，即使在监狱外面，很多人也是
这样描述自己的，甚至说的话一模一
样。一个人如果总是把自己当作
"受害者"，一个"可怜的人"，无论
在何时、在何地，都可以列出一大堆
的"凄惨""无奈"和"无助"。这
本手册从未试图解决你们的问题，因

为这些问题是无论"在里面的人"还是"在外面的人"都要靠自己才能解决的。

人生的道路充满选择，我们终其一生都希望找到最适合自己的选择。一个人作出的决策受制于个体偏好、问题的难易度、作出决策的时间等，即使是认知成熟、受教育程度高、阅历丰富的人，也很难说自己作的决策是最好的，也都会在决策中犯错，会有情绪，还会有惰性。我们能做的就是在某个或多个层面努力提高，让自己在当下和未来能够作出比昨天更优的决策，增加获得良好结果的概率。

这本手册谈了心理、认知、经济、沟通、生命等话题，也是一次尝试。我们的想法是如果你看完这本手册，觉得还行，没有想把它随手就扔了，在以后的时光，想到了，还会再拿出来看看，甚至过了很多年，还会带着这本手册。那么，我们的工作就非常有意义了。

不知你是否听过李宗盛写的一首歌——《领悟》，里面有句歌词是"我们的爱若是错误，愿你我没有白白受苦"。无论你曾经历过什么，过去的已经过去，我们能把握的只有当下和未来。愿你我早早领悟，没有白白受苦。

最后，把英国诗人约翰·弥尔顿《失乐园》里的一句诗送给你："心灵自主，天堂地狱皆其定。"

图书在版编目（ＣＩＰ）数据

罪犯教育读本/郭晶英，傅华军著.—北京:中国政法大学出版社，2019.11
ISBN 978-7-5620-9352-7

Ⅰ.①罪…　Ⅱ.①郭…　②傅…　Ⅲ.①犯罪分子－教育－中国
Ⅳ.①D926.7

中国版本图书馆CIP数据核字(2019)第274005号

出版者　　中国政法大学出版社

地　址　　北京市海淀区西土城路 25 号

邮　箱　　fadapress@163.com

网　址　　http://www.cuplpress.com（网络实名：中国政法大学出版社)

电　话　　010-58908435(第一编辑部)　58908334(邮购部)

承　印　　固安华明印业有限公司

开　本　　880mm×1230mm　1/32

印　张　　5.25

字　数　　85 千字

版　次　　2019 年 11 月第 1 版

印　次　　2019 年 11 月第 1 次印刷

定　价　　29.00 元